Teologia dos sacramentos

SÉRIE PRINCÍPIOS DE TEOLOGIA CATÓLICA

Teologia dos sacramentos

Joachim Andrade

2ª edição

Rua Clara Vendramin, 58 . Mossunguê
CEP 81200-170 . Curitiba . PR . Brasil
Fone: (41) 2106-4170
www.intersaberes.com
editora@intersaberes.com

Conselho editorial
Dr. Alexandre Coutinho Pagliarini
Drª Elena Godoy
Dr. Neri dos Santos
Mª Maria Lúcia Prado Sabatella

Editora-chefe
Lindsay Azambuja

Gerente editorial
Ariadne Nunes Wenger

Assistente editorial
Daniela Viroli Pereira Pinto

Edição de texto
Natasha Saboredo

Capa e projeto gráfico
Iná Trigo (*design*)
Tatiana Kasyanova/Shutterstock
(imagem)

Diagramação
Fabiola Penso

Designer responsável
Charles L. da Silva

Iconografia
Maria Elisa de Carvalho Sonda
Regina Claudia Cruz Prestes

1ª edição, 2018.
2ª edição, 2024.

Foi feito o depósito legal.

Informamos que é de inteira responsabilidade do autor a emissão de conceitos.

Nenhuma parte desta publicação poderá ser reproduzida por qualquer meio ou forma sem a prévia autorização da Editora InterSaberes.

A violação dos direitos autorais é crime estabelecido na Lei n. 9.610/1998 e punido pelo art. 184 do Código Penal.

Dados Internacionais de Catalogação na Publicação (CIP)
(Câmara Brasileira do Livro, SP, Brasil)

Andrade, Joachim
  Teologia dos sacramentos / Joachim Andrade. -- 2. ed. -- Curitiba, PR : Intersaberes, 2024. -- (Série princípios de teologia católica)

  Bibliografia.
  ISBN 978-85-227-1274-8

  1. Ritos iniciáticos – Aspectos religiosos – Igreja Católica 2. Sacramentos – Igreja Católica I. Título. II. Série.

24-188984   CDD-264.025

Índices para catálogo sistemático :
1. Sacramentos : Igreja Católica : Cristianismo   264.025

Tábata Alves da Silva – Bibliotecária – CRB-8/9253

Sumário

Apresentação, 7
Como aproveitar ao máximo este livro, 11

1   Iniciação cristã: ritos de passagem e os sacramentos, 15

1.1   O conceito de iniciação, 19
1.2   O rito de passagem, 25
1.3   O significado da iniciação cristã, 29
1.4   Aspectos essenciais da concepção iniciática cristã, 34
1.5   A iniciação cristã conforme o Concílio Vaticano II, 37
1.6   O desenvolvimento histórico da iniciação cristã, 38

2   Fundamentos bíblicos dos sacramentos, 47

2.1   Sacramentos no Antigo Testamento, 50
2.2   Sacramentos no Novo Testamento, 57
2.3   Origem bíblica dos sete sacramentos, 63

3	Cristo, sacramento do encontro com Deus, 69
3.1	Dinâmica do encontro com Deus, 72
3.2	Jesus Cristo, mistério de Deus, 76
3.3	Jesus Cristo, Palavra de Deus, 78
3.4	Jesus Cristo, cumprimento da promessa de Deus, 80
3.5	Jesus Cristo, o sacramento original de Deus, 82

4	A teologia dos sacramentos e sua relação com a teologia dogmática, 91
4.1	O que é teologia dogmática?, 94
4.2	Desenvolvimento histórico dos sacramentos da Igreja, 97
4.3	Sentido dos sacramentos na tradição cristã, 107
4.4	A especificidade do sacramento, 108

5	A economia sacramental da Igreja, 115
5.1	O que é a Igreja?, 118
5.2	Fundamentos bíblicos da Igreja, 119
5.3	Análise histórica da Igreja, 126
5.4	Igreja na visão do Concílio Vaticano II, 129
5.5	Igreja, aspecto sacramental de Cristo, 136
5.6	Os sacramentos falam da vida humana, 139
5.7	Igreja, lugar de preservação dos sacramentos, 140

6	Conceituação e rito litúrgico dos sete sacramentos, 149
6.1	Compreensão geral dos sete sacramentos, 152
6.2	Sacramentos de iniciação, 153
6.3	Sacramentos de cura, 165
6.4	Sacramentos de serviço à comunidade, 173
6.5	Alguns símbolos sacramentais, 181
6.6	Um pequeno olhar para os sacramentos, 183

Considerações finais, 189
Referências, 191
Bibliografia comentada, 197
Sobre o autor, 201

Apresentação

O cristão é aquele que segue a pessoa de Jesus, tenta vivenciar os valores pregados por Ele e acredita no Deus apresentado por Ele. A dimensão de vivenciar os valores pressupõe algo que chamamos de *aspectos referenciais*, que são as experiências místicas e espirituais. Todas as tradições apresentam elementos referenciais; na tradição cristã, recebemos os conteúdos de Jesus, e eles são vivenciados por meio dos sete sacramentos.

Para desenvolver este trabalho sobre a teologia dos sacramentos, cabe fazermos um esclarecimento inicial sobre o vocábulo *sacramento*, palavra tão antiga e tão usada, mas ainda muitas vezes obscura e confusa. Ela provém do latim *sacramentum*, com sentido de "juramento de fidelidade". De modo geral, esse juramento acontece entre dois amigos, entre duas partes de um contrato, entre os casais ou entre o cidadão e as instituições públicas, sempre selado por um sacramento.

No final do século IV e início do século V – período da tradução da Bíblia para o latim –, essa palavra pareceu adequada para traduzir o termo grego *mistério*, que, no Novo Testamento, especialmente em São Paulo, é designado como *plano divino de salvação realizado no tempo*. O mistério, a princípio, é uma forma de pacto mediante o qual Deus se entrega, por amor, aos seres humanos, passando a participar da sua história e convidando-os a junto com Ele Seu projeto de salvação. No mistério, a glória divina é, simultaneamente, oculta e revelada por meio dos sinais da história, exatamente como aconteceu com Jesus Cristo, por intermédio de quem Deus nos deu a entender o mistério da Sua vontade, que estava envolvido em silêncio desde os séculos passados; e nos deu o Espírito Santo, a fim de colocar em prática o Seu mistério.

A forma de pôr em prática e também de compreender o mistério, na história da humanidade, foi desenvolvida por meio de certos rituais, conforme a região, a cultura e a religião. Em todas as sociedades é possível encontrar alguns ritos elaborados que, posteriormente, foram chamados de *ritos de passagem*, para mostrar a transição de uma idade para outra. O motivo é introduzir a pessoa na comunidade, para que possa desenvolver certa atividade específica, que é atribuída a ela depois do ritual. Na tradição católica, esses ritos são chamados de *sacramentos* e administrados em determinada idade e em determinado contexto.

Portanto, sacramento é um conjunto ritualístico e simbólico cuja centralidade é a pessoa de Cristo, que provoca uma transformação no crente. A Igreja Católica definiu, oficialmente, que são sete os seus sacramentos, os quais fazem referência à vida humana e à totalidade da ação de Cristo na história. O Concílio de Trento (1545-1563) estabeleceu: "Os Sacramentos da Nova Lei, como sendo sete, nem mais, nem menos, a saber: Batismo, Confirmação, Eucaristia, Penitência,

Extrema-Unção, Ordem e Matrimônio"[1] (Forte, 1996, p. 8). Essa nova lei comporta um significado que ultrapassa o mero valor quantitativo dado aos sacramentos.

Santo Agostinho, no século V, enumerava 304 sacramentos, mas posteriormente – no Concílio de Lyon, em 1274, e no Concílio de Florença, de 1439 – foram assumidos como sete, tendo sido oficializada essa quantidade no Concílio de Trento. Sete é o número da perfeição e da totalidade, de uma pluralidade ordenada. Dizem que os três primeiros números são símbolo trinitário (o absoluto); e os outros quatro são símbolo dos quatro elementos do cosmo (terra, água, fogo e ar). A soma deles significa a união do imanente com o transcendente, o símbolo da totalidade.

Assim, percebe-se que os sacramentos abrangem a totalidade da vida dos indivíduos em diferentes fases: nascimento, adolescência, celibato, doença e morte, falhas e erros, casamento e crescimento para a maturidade. Os sacramentos não se referem somente a essas dimensões etárias e existenciais, mas também ao contato dos seres humanos com seu processo de totalidade, no qual são chamados a acolher em si o símbolo da Trindade, que os integra com os elementos cósmicos, para ter uma vida harmônica.

Neste livro, abordamos a teologia dos sacramentos, em seis capítulos, numa linguagem que permite a você, leitor, compreender a dinâmica de cada sacramento. No Capítulo 1, abordamos a noção geral da iniciação, na qual se incluem os ritos de passagem, e alguns sacramentos da tradição cristã, compreendidos no interior do contexto geral da iniciação. No Capítulo 2, tratamos dos fundamentos bíblicos dos sacramentos, tanto no Antigo como no Novo Testamento. No Capítulo 3, desejamos trilhar o caminho de Jesus, em que o Cristo é analisado como o próprio

---

1 O Concílio de Trento elabora, de forma detalhada, os sete sacramentos e a forma como eles devem ser administrados (conferir a Sessão VII do Concílio de Trento). Além disso, a Extrema-Unção, a partir do Concílio Vaticano II, veio a ser conhecida como *Unção dos Enfermos*.

sacramento do encontro com Deus, revelando-se como a ponte entre a promessa do Messias no Antigo Testamento e a realização dela em Sua Pessoa, no Novo Testamento.

No Capítulo 4, assumimos uma abordagem diferente da utilizada nos capítulos anteriores, pois nele tratamos da tradição, ou melhor, de como a Igreja, ao longo dos séculos, construiu uma relação com os sacramentos e com a teologia. Nesse capítulo, pretendemos apresentar uma íntima relação entre os sacramentos e a teologia dogmática. O Capítulo 5 aborda a dimensão Igreja, que é considerada sacramento de Jesus Cristo, tendo em vista que Cristo é sacramento de Deus. Por fim, no Capítulo 6, elaboramos a conceituação do rito e da celebração litúrgica dos sete sacramentos.

Como aproveitar ao máximo este livro

€mpregamos nesta obra recursos que visam enriquecer seu aprendizado, facilitar a compreensão dos conteúdos e tornar a leitura mais dinâmica. Conheça a seguir cada uma dessas ferramentas e saiba como estão distribuídas no decorrer deste livro para bem aproveitá-las.

Introdução do capítulo

Logo na abertura do capítulo, informamos os temas de estudo e os objetivos de aprendizagem que serão nele abrangidos, fazendo considerações preliminares sobre as temáticas em foco.

Síntese

Ao final de cada capítulo, relacionamos as principais informações nele abordadas a fim de que você avalie as conclusões a que chegou, confirmando-as ou redefinindo-as.

Indicações culturais

Para ampliar seu repertório, indicamos conteúdos de diferentes naturezas que ensejam a reflexão sobre os assuntos estudados e contribuem para seu processo de aprendizagem.

Atividades de autoavaliação

1. O que é iniciação?
   a) É a forma de introduzir o indivíduo para algo num ambiente familiar, social, cultural e religioso.
   b) É um processo preparativo para viajar.
   c) É uma escola de ensinamento de doutrinas e dogmas.
   d) É um ambiente de oração e culto para melhorar a qualidade de vida.

2. São quatro os elementos estruturais que configuram o processo iniciático. Assinale a alternativa que apresenta corretamente esses elementos:
   a) Mistério, sacramento, povo de Deus e comunidade de iniciados.
   b) Batismo, Confirmação, Unção dos Enfermos e Eucaristia.
   c) Sacerdote, ministros, diáconos e comunidade dos fiéis.
   d) Mistério, corpo de símbolos, comunidade de iniciados e sujeito da iniciação.

3. Quais são os sacramentos de iniciação?
   a) Unção dos enfermos, Ordem e Batismo.
   b) Matrimônio, Confirmação e Eucaristia.
   c) Batismo, Confirmação e Eucaristia.
   d) Penitência, Confirmação e Eucaristia.

4. A iniciação cristã, por meio dos três sacramentos, remete ao acesso à experiência do mistério de Cristo, mediante a passagem de um estado (catecúmeno) a outro (fiel cristão). Por ser sacramental, a iniciação cristã carrega três focos distintos. Assinale a alternativa que apresenta corretamente esses focos:

Atividades de autoavaliação

Apresentamos estas questões objetivas para que você verifique o grau de assimilação dos conceitos examinados, motivando-se a progredir em seus estudos.

Está(ão) correta(s) apenas a(s) afirmativa(s):
a) I.
b) III e IV.
c) IV.
d) I e IV.

5. Para se qualificar algo como um sacramento, existem critérios que precisam ser observados. É correto dizer que esses critérios são:
   a) ser somente um sinal externo; produzir desgraça; e deve ser instituído por Jesus Cristo.
   b) ser um sinal sensível e perceptível da graça santificadora; deve produzir graça; e ser instituído somente por Deus.
   c) ser um sinal sensível e perceptível da graça santificadora; deve produzir graça; e ser instituído por Jesus Cristo.
   d) ser sinal interno e externo; não produzir nenhuma graça; e ser instituído por Jesus Cristo.

Atividades de aprendizagem

Questões para reflexão

1. Como você analisa a presença dos sacramentos no Antigo Testamento?
2. Quais são os fundamentos para os sacramentos na Bíblia? Apresente-os com clareza com base na leitura do texto do capítulo.
3. Apresentamos quatro relatos da Eucaristia no Novo Testamento. Como você compreende esses relatos e pode aplicá-los em sua vida?

Atividades de aprendizagem

Aqui apresentamos questões que aproximam conhecimentos teóricos e práticos a fim de que você analise criticamente determinado assunto.

Bibliografia comentada

Nesta seção, comentamos algumas obras de referência para o estudo dos temas examinados ao longo do livro.

AUGÉ, M. Liturgia: história, celebração, teologia, espiritualidade. 3. ed. São Paulo: Ave Maria, 2007.
A obra é dedicada essencialmente ao estudo da liturgia, tratando tanto aspectos da celebração como os temas do desenvolvimento histórico-litúrgico e as abordagens contemporâneas sobre o tema. Além de propor uma leitura do desenvolvimento histórico do culto cristão e apresentar os estudos sobre os fundamentos teológicos da liturgia, o livro aborda os aspectos fundamentais da celebração, abrangendo as dimensões teológica e espiritual. Trata-se de uma excelente fonte de consulta para aprofundar o significado central do ano litúrgico e a celebração litúrgica dos sacramentos.

CELAM – Conselho Episcopal Latino-Americano. Manual de Liturgia III: a celebração do mistério pascal – os sacramentos – sinais do mistério pascal. São Paulo: Paulus, 2005.
Este manual de liturgia é uma coletânea de artigos de trabalhos e liturgistas sobre os sacramentos cristãos, numa perspectiva latino-americana. Trata-se de uma obra.

1
Iniciação cristã: ritos de passagem e os sacramentos[1]

---
[1] Todas as passagens bíblicas indicadas neste capítulo são citações de Bíblia (2002).

Neste capítulo apresentamos os sacramentos como processo de iniciação na tradição da Igreja Católica. O rito de iniciação é um elemento universal, pois todas as culturas ou sociedades desenvolveram alguma prática desse tipo. Portanto, para compreender melhor o conceito de iniciação, em um primeiro momento esclarecemos o que significam *rito* e *iniciação*, apresentando alguns ritos iniciáticos. Em seguida, abordamos a estrutura dos ritos de passagem, na qual se encontra também a estrutura ritualística da tradição cristã. Por fim, elaboramos os aspectos conceptivo essenciais da iniciação cristã, mostrando seu desenvolvimento histórico, desde os tempos apostólicos até o presente.

A sede de infinito, de salvação e de sentido, presente em todo coração humano, tem uma resposta cabal e perfeita em Cristo Jesus. Desde os tempos antigos, o ser humano sempre buscou respostas às perguntas básicas de sua existência: "Por que nascemos?"; "O que estamos fazendo aqui?"; "Como, quando e por que morremos?"; "Existe algo depois da morte?". Esses questionamentos provocaram nas comunidades primitivas certo medo e engendraram manifestações que tinham como finalidade o encontro ou o reencontro com o sagrado. Justamente no interior dessa ordem são elaborados inúmeros e variados rituais. As tradições religiosas começaram a se desenvolver, utilizando práticas ritualísticas com uma gama de significados e introduzindo-as nas diversas etapas da vida. Esses ritos são denominados *ritos de iniciação* ou *ritos de passagem*. O fenômeno da iniciação é algo universal: em todas as culturas, religiões e sociedades, primitivas ou modernas, há registro dessa prática.

A mensagem cristã, apresentada como mistério, leva naturalmente à realidade da iniciação. No nosso imaginário, o **mistério** carrega em si algo de fascinante, sublime, surpreendente, deslumbrante e de inacessível ao simples mortal; enfim, algo de divino, de arcano. É um **segredo** que se manifesta somente aos iniciados. De modo geral, por meio dos estudos teóricos, adquirimos conhecimentos de certas práticas e habilidades para realizá-las. No entanto, segundo a Conferência Nacional dos Bispos do Brasil – CNBB (2009), para ter acesso aos **divinos mistérios**, a pessoa precisa, de uma forma ou de outra, **ser iniciada** nessas realidades maravilhosas, mediante experiências que a marquem profundamente. São os **ritos iniciáticos**, muito desenvolvidos desde os primórdios, seja nas sociedades secretas, seja nas esotéricas, em geral ministrados a um círculo restrito e fechado de pessoas.

1.1 O conceito de iniciação

Etimologicamente, *iniciação* provém do latim *in-ire*, ou seja, "entrar bem dentro". No dicionários, encontramos a seguinte definição:

> Processo, ou série de processos de natureza ritual, que efetivam e marcam a promoção de indivíduos a novas posições sociais (como, p. ex., sua passagem às diferentes fases do ciclo de vida e, em particular, sua incorporação à comunidade dos adultos) ou o acesso a determinadas funções religiosas ou políticas. (Ferreira, 1999, p. 1113)

Assim, o termo pode ser entendido como a forma de introduzir o indivíduo numa situação, ou num ambiente familiar, social, cultural e religioso. Trata-se, pois, de um processo de aprendizagem, de assimilação e de aquisição progressiva de uma doutrina, de práticas determinadas, de um estilo de vida. É algo que exprime um fenômeno humano geral que obedece ao processo de adaptação que todo homem se vê obrigado a viver na relação com os ambientes físico, social, cultural ou religioso.

A iniciação é vista também como **processo de socialização**, pelo qual uma pessoa assimila, existencialmente, crenças, valores, costumes ou comportamentos novos, incorporando o estilo de vida do grupo social no qual se insere. Se, por um lado, o sujeito se inicia, adaptando-se ao grupo de referência e à sua cultura, por outro, o grupo se enriquece com a contribuição pessoal daquele que é iniciado. Um dos aspectos mais importantes da iniciação é a sua dimensão religiosa, a qual se manifesta num ritualismo específico, referente ao mundo do sagrado.

Mircea Eliade (1975, p. 10, tradução nossa), grande especialista na área da iniciação, a define como

> um conjunto de ritos e ensinamentos orais, visando realizar uma transformação do estatuto religioso e social do iniciado. Do ponto de vista filosófico, a iniciação equivale a uma mutação ontológica

existencial. Ao final do período de provas, o neófito goza de uma existência totalmente diferente da que possuía antes: transforma-se noutra pessoa.

O conceito de iniciação encontra-se no interior da dimensão ritualística que as sociedades, tanto as primitivas como as organizadas, praticam. Os rituais de iniciação acontecem em **momentos de transição**, sinalizando uma condição ou posição da pessoa na comunidade – como ocorre no casamento, no Batismo ou na crisma, por exemplo. Observamos que algumas religiões não impõem um ritual específico nem uma idade para se fazer a iniciação, outras têm por costume inserir a criança ou o adolescente em certos períodos com determinados rituais. A iniciação designa as mediações ou ritos por meio dos quais se entra em dado grupo, associação ou religião. Ela indica um conjunto de ritos e de ensinamentos orais cuja finalidade é produzir uma modificação radical no estatuto social e religioso da pessoa que é iniciada.

De acordo com Duarte (2018), nas sociedades primitivas ocorriam cerimônias especiais em que se celebravam acontecimentos ou momentos importantes na vida de seus membros. Esses ritos tinham dupla significação: (1) de transição particular e de (2) participação no grupo. Em outras palavras, tais ritos de iniciação sinalizavam uma mudança no status do indivíduo dentro da comunidade.

1.1.1 O que é o rito?

Antes de elaborar o significado dos ritos de iniciação, é bom compreender a noção de *rito*. Não existe, a princípio, uma definição unívoca a respeito dele; trata-se de um termo genérico com o qual são designadas ações humanas religiosamente significativas, conforme módulos fixos tradicionais. A análise dessa concepção se reveste de uma problemática muito mais vasta do que propriamente o ritual, que está em relação direta com os significados e os valores reais da experiência religiosa. O termo *rito* parece ser derivado do sânscrito *R'ta* e indica a ordem cósmica e a ação dos deuses em relação a ela. O rito é aquilo que está em conformidade com a ordem, uma ação que tem uma estrutura institucionalizada.

Na perspectiva sociológica, as ações rituais, conforme Durkheim (1989), são representações coletivas em que os membros de uma comunidade se identificam; a comunidade revive as próprias convicções, crenças e valores, contempla-se como num espelho, proclama, celebra e confirma o próprio programa[2]. O fenômeno ritual abrange o universo inteiro, pois o rito é visto como um conjunto coerente dentro de um sistema cultural, que instaura um campo simbólico e permite situar-se ou retrair-se, um diante do outro, estabelecendo as relações e reconhecendo os valores. Conforme Augé (2007, p. 96):

> O rito nasce quando um determinado grupo humano percebe a necessidade de uma integração mais profunda, não somente entre os seus membros e com outros grupos humanos, mas com a totalidade da realidade que se sobrepõe a todos e que jamais se consegue dominar por completo. Trata-se de uma forma de socialização com o sagrado ou o transcendente.

Portanto, a característica mais singular do rito é sua **repetitividade**, pois ele é uma ação programada e repetitiva.

O rito religioso opera numa integração perfeita de dois níveis distintos, mas interdependentes: o primeiro é fundamental, pois é o da linguagem, em que a relação do homem com o sagrado ou com a realidade transcendente se manifesta; o segundo refere-se à relação com o próprio grupo. A fé em Deus, o sentido e a escuta de Deus e o voltar-se para Ele

---

[2] Na antropologia e na sociologia esse tema é bastante debatido. Portanto, para aprofundar-se nele, conferir Durkheim (1989).

são a raiz do autêntico rito religioso. O rito cristão é um rito litúrgico da Igreja, num memorial em que suas celebrações são constituídas de ações simbólicas repetidas para fazer memória do efeito salvífico das ações históricas, cujo centro é a comemoração do acontecimento e a atualização da salvação de Cristo.

1.1.2 Estrutura do processo iniciático

Os rituais iniciáticos expressam a religiosidade e dão significado às crenças; assim, o estudo dos diferentes tipos de rituais de iniciação enriquece e colabora para a maior compreensão das diferentes culturas religiosas. Conforme Roberto Russo (2005b, p. 15-16), o processo iniciático configura, dentro de si, a presença de quatro elementos estruturais:

> 1) Mistério – uma realidade com algum tipo de transcendência.
>
> 2) Corpo de símbolos – representações da aproximação do mistério, esses símbolos são institucionalizados, aceitos, reconhecidos e, na tradição cristã, vieram a ser conhecidos como sacramentos.
>
> 3) Comunidade de iniciados – desenvolve a simbologia institucional, por meio da qual é precisamente reconhecida.
>
> 4) Sujeito da iniciação – aquele que deve ser capaz de entrar no mistério e de aceitar suas consequências.

1.1.3 As jornadas iniciáticas

A iniciação é um processo de trabalho da personalidade, que envolve a desconstrução de padrões preestabelecidos e a construção de novos, que passam a nortear a conduta e a existência da comunidade. Assim, é resultado de um processo de compreensão, conhecimento e prática que leva a uma alteração de *status* pessoal, por marcar uma mudança de hábitos. Ela é a culminância do entendimento das formas como tal processo ocorre. A pessoa passa por diversos estágios, cada um representando um passo, um degrau, um conhecimento específico que se deve adquirir ao longo do caminho iniciático.

Qualquer jornada iniciática não pode partir de preceitos estabelecidos; ao contrário, deve começar justamente pela eliminação de todo e qualquer conceito que possa, de alguma forma, direcionar ou influenciar o caminho de quem se propõe a empreendê-la. É uma forma de se lançar no desconhecido sem nenhum apoio, deixando tudo para trás, numa mudança radical, para se tornar algo em benefício de si próprio e também dos outros.

Duarte (2018) conta que em algumas tribos nativas norte-americanas, por exemplo, havia um rito em que a pele do peito dos jovens guerreiros era trespassada por espetos e repuxada por cordas. Essas tribos acreditavam que a dor e o sangue derramado eram meios de agradecer à natureza as dádivas recebidas. Outro exemplo lembrado pelo autor eram os ritos fúnebres, os quais marcavam a última transição, a passagem para o mundo dos mortos.

Ainda segundo o autor, o que todas as cerimônias tinham em comum era o sentido de **desprendimento**; afinal para se completar a transição de um estado a outro era necessário abandonar velhas condutas e aceitar novas atitudes. Como consequência, o iniciado deixava de conviver com antigos companheiros e passava a ter um relacionamento direto com outros grupos. Era comum também que a pessoa que participava da cerimônia adotasse um novo nome, como sinal de que se tornava, por aquele ato, uma nova pessoa.

Existem ainda hoje muitos rituais semelhantes aos citados, mas o conteúdo simbólico se perdeu ao longo dos anos. Como assinala Duarte (2018), "Batismo e festas de aniversário de 15 anos, por exemplo, são resquícios desse tipo de cerimônia, que hoje, representam muito mais um compromisso social, do que o marco do início de uma nova fase na vida do indivíduo.

Esse "lançar-se no desconhecido" carrega também múltiplos sentidos. Podemos entender que significa mergulhar na própria consciência, ir ao fundo de si mesmo, atirar-se ao fundo do poço da própria personalidade, do qual só se consegue sair indo para cima. Ao atingir o fundo, inicia-se o empreendimento da escalada, para construir, degrau por degrau, a escada que começa das profundezas escuras, para voltar ao Sol, para ver novamente o mundo, a sociedade e a si próprio por uma ótica diferente. Por isso, o rito iniciático busca reprisar os episódios da jornada e, em momentos, refazer a desconstrução daquilo que levou anos para se formar e reconstruir a personalidade.

Outro significado que pode ser elaborado é a compreensão das **cosmogonias** desenvolvidas pelas diversas culturas e religiões. Todas as cosmogonias reconhecem que, no princípio, era o caos, de onde vêm as ligeiras variações da vida. A própria vida é, em si, uma grande jornada iniciática, que elabora todo o processo cíclico de nascimento, aprendizagem, morte e renascimento. Ao nascermos, somos matéria bruta; ao longo dos anos, adquirimos o conhecimento e a sabedoria conforme a idade; e na velhice, temos uma visão clara do mundo. No decorrer da vida, passamos por esses processos, conscientes ou não, orientados ou não. O final de cada um é apenas o início do próximo, isto é, o mergulho no abismo, no desconhecido, para continuar o processo cosmogônico nas culturas e religiões.

1.2 O rito de passagem

Os ritos de passagem são celebrações tradicionais desenvolvidas no seio de uma comunidade[3]. "*Rites de passage* é uma expressão francesa adotada por antropólogos e escritores europeus para definir todos os rituais e cerimônias que propiciam a passagem de uma pessoa para uma nova forma de vida ou um novo *status* social" (Ritos..., 2018). Esses rituais, por constituírem atos que se repetem durante gerações, ajudam os indivíduos de um grupo a organizarem a vida e a dar-lhes um novo significado. Os ritos de passagem acontecem em todas as religiões, com o mesmo significado e o mesmo significante, mudando apenas as formas de execução (Ritos..., 2018).

Como referimos anteriormente, desde as sociedades primitivas, celebravam-se ritos de iniciação ou ritos de passagem em momentos marcantes da vida das pessoas. Essas cerimônias representavam, ao mesmo tempo, transição particular e liberação para participar de certo grupo. Essa passagem era feita em rituais místicos ou religiosos ou registradas em documentos.

Duarte (2018) explica que, para participar desses ritos de passagem, era demandada preparação, pois eles representavam transformações importantes na vida daquele que desejava ser iniciado. Mais uma vez citando as sociedades tribais, o autor menciona que nelas os jovens eram preparados por muito tempo, sendo expostos a desafios progressivos até serem considerados aptos para ter seu status modificado. Por exemplo, um futuro caçador precisava acompanhar por longos anos os grupos de

---

3 Os ritos de passagem são celebrações de transição e podem ser encontrados em todas as sociedades primitivas e estruturadas. Enquanto se discute o assunto da iniciação cristã, é necessário que haja o tratamento adequado desses ritos para compreender melhor os sacramentos como iniciação cristã.

caça ocupando posições menos importantes até que estivesse preparado para abater uma presa sozinho. Tendo êxito, provando que tinha méritos para ser aceito, o jovem caçador participava de um rito de passagem, passando a ser membro do grupo.

1.2.1 Dois exemplos de ritos de passagem

Também existem múltiplos significados nos ritos de passagem, como podemos detectar no paganismo e no xamanismo. Esses rituais não representam somente a transição, mas também outros sentidos. Por isso, vale comentarmos esses ritos para compreender a iniciação cristã.

Rito de passagem no xamanismo

No xamanismo, são comuns os ritos que acontecem espontaneamente como que por desejo dos deuses, ou xamãs. Um exemplo desse tipo de rito eram as experiências de perigo de morte. Pessoas que haviam superado um trauma ou que tivessem vivenciado uma situação em que houvessem escapado da morte eram consideradas especiais. Estados comatosos, por exemplo, eram tidos como ritos que permitiam à pessoa adquirir uma visão mais clara e ampla sobre a vida, o que a capacitaria a se tornar um xamã dentro de sua tribo (Duarte, 2018).

Havia, porém, outras formas de se tornar um xamã: um treinamento composto de desafios a serem enfrentados pelo candidato para demonstrar sua capacidade de superar seus limites. Está claro, assim, que o objetivo desse treinamento, conforme esclarece Duarte (2018) não era apenas marcar a passagem de uma fase da vida para outra, mas também celebrar a transição de um estado de consciência para outro, revelando uma missão que se deveria cumprir.

Rito de passagem no paganismo

Conforme Duarte (2018), o paganismo é uma forma de manifestação natural do ser humano, não sendo necessário nenhum ritual específico para que uma pessoa o pratique. Por outro lado, passar a praticar essa forma de religiosidade exige abandonar velhos dogmas e sistemas, o que caracteriza um tipo de transição. Dessa maneira, no paganismo é possível fazer celebrações específicas para iniciação. O significado dessa cerimônia, no entanto, não está relacionado à ideia de admissão, ao contrário do que se costuma pensar.

Essa interpretação equivocada da iniciação associa-se a interpretação de que este poderia ser realizado isoladamente para se tornar um bruxo. Na verdade, a cerimônia de iniciação dentro do paganismo pressupõe que o "iniciado adquiriu conhecimento e prática, e, por isso mesmo, tornou-se digno de fazer parte de um grupo. Logo, isso não pode ser nem um ato prévio, nem um ato solitário" (Duarte, 2018).

1.2.2 Termo rito de passagem[4]

O termo *rito de passagem* foi cunhado e popularizado pelo antropólogo alemão Arnold van Gennep, no início do século XX. Segundo ele, trata-se de cerimônias que existiram e ainda existem em todas as culturas, antigas ou contemporâneas, primitivas ou civilizadas. Van Gennep (1960, citado por Victor Turner, 1974) afirmou que esses ritos marcam mudanças de lugar, estado, posição social e idade, e caracterizam-se por três fases:

---

[4] A ideia de *rito de passagem* é utilizada de forma extensa dentro do campo do ensino religioso. Apresentamos, nesta seção, a ideia geral desse termo com seus significados. Para maiores informações, conferir Paraná (2011).

1. **Separação:** Essa etapa "abrange o comportamento simbólico que significa o afastamento do indivíduo ou de um grupo, quer de um ponto fixo anterior na estrutura social, quer de um conjunto de condições culturais (um 'estado'), ou ainda de ambos" (Van Gennep, 1960, citado por Turner, 1974, p. 116).
2. **Margem ou límen:** Etapa ritual "transitante", que não apresenta nenhum atributo do passado ou do futuro.
3. **Reagregação:** Etapa em que "o sujeito ritual, seja ele individual ou coletivo, permanece num estado relativamente estável mais uma vez, e em virtude disto tem direitos e obrigações perante os outros de tipo claramente definido e 'estrutural', esperando-se que se comporte de acordo com certas normas costumeiras e padrões éticos, que vinculam os incumbidos de uma posição social, num sistema de tais posições" (Van Gennep, citado por Turner, 1974, p. 117).

Conforme já explicamos, os ritos de passagem de caráter religioso nas sociedades primitivas eram marcados por um sentido de desprendimento, como acontece em uma conversão cristã; o iniciado mudava, por exemplo, suas atitudes, seu grupo de convivência e, em alguns casos, a própria identidade (Ritos..., 2018).

Na atualidade, celebrações semelhantes, quando ainda mantidas, deixam de manifestar muito de seu caráter simbólico e da tradição. A tendência é que esses elementos se mantenham apenas no interior de certos grupos religiosos: "No Judaísmo: a circuncisão; no cristianismo: o Batismo, a primeira comunhão, a crisma; nas religiões afro: a iniciação ou feitura de santo" (Ritos..., 2018).

1.3 O significado da iniciação cristã

A iniciação cristã se encontra intimamente vinculada à palavra *mística*, que por sua vez surgiu no ambiente das antigas religiões esotéricas e dos cultos secretos das chamadas *religiões de mistério*. O termo tradicional *mística* vem do termo grego *múein*, que significa "fechar, ocultar ou guardar um segredo". O segredo ou mistério se encontrava distante, e somente a iluminação poderia alcançá-lo. Então, por ser um fenômeno universal, certas práticas foram inventadas para alcançar esse mistério. Por exemplo, no Antigo Egito construíam-se pirâmides para nelas se depositar as múmias dos faraós, que seriam capazes de se unir com o mistério; na Índia, os monges se isolavam na floresta para meditar, como aconteceu com Buda; Jesus retirou-se ao deserto; e Maomé buscou as cavernas do Monte Hira.

Assim, percebe-se que o acesso ao segredo era reservado àquelas pessoas que tinham certa disposição para submeter-se a uma preparação, que veio a ser chamada de *iniciação*. Somente quem passava por esse processo era considerado apto para captar o mistério. Entretanto, a iniciação cristã, mais do que na religião natural, encontra seus imediatos antecedentes históricos no judaísmo. Como afirma Augé (2007, p. 110):

> De fato, além da sua origem sobrenatural, a iniciação cristã caracteriza-se, justamente, por causa do tipo de religiosidade, na qual ela se insere, numa religiosidade histórica, e não simplesmente cósmica; introduz em uma história na qual Deus e o homem são, simultaneamente, protagonistas, e da qual o iniciado se torna, por sua vez, ator.

Na tradição cristã, Jesus Cristo, por sua vida, morte e ressurreição, abriu o Reino e a Salvação a toda a humanidade. O mistério foi conhecido por meio de Jesus e ele o denomina Abba-Pai. Em outras palavras, o mistério, que se encontrava bem distante, foi revelado por Jesus. Como preparação para conhecer esse mistério, Jesus passou por um processo de iniciação – a experiência do deserto. Conforme a tradição cristã, esse mistério, ou "Deus", não foi revelado às gerações anteriores, mas em Jesus; Ele se revelou e, posteriormente, foi revelado pelo Espírito aos apóstolos e profetas (Ef 3,4-6). Assim, a iniciação se torna o elemento fundante, remetendo a múltiplos significados e introduzindo a teologia dos sacramentos na tradição cristã.

Os discípulos de Jesus, após o primeiro século de pregação e anúncio do Evangelho, lançaram mão de uma realidade tão humana e tão arraigada nas culturas que o cristianismo foi até confundido com uma das tantas religiões iniciáticas que se encontravam no Oriente Médio. Como apontamos anteriormente, para participar do mistério de Cristo Jesus era preciso passar por uma experiência marcante de transformação pessoal – ou, na linguagem cristã, deixar-se envolver pela ação do Espírito. Esse processo, visto como transmissão da fé cristã, veio a ser conhecido como um rito iniciático. Descobrir o mistério da pessoa de Jesus e os mistérios do Reino, assumir os compromissos do seu caminho e viver a ascese requerida pela moral cristã eram realidades muito exigentes. "Enfim, a verdadeira conversão, ou *metanoia* (mudança de mentalidade), supõe certa maturidade humana e toca as mais profundas tendências humanas" (CNBB, 2009), daí a necessidade de se passar pela iniciação cristã.

Desde o século II, a iniciação cristã se fazia por meio do catecumenato. Sua instituição foi uma das mais felizes e eficazes criações de toda a história da Igreja, gerando até o núcleo do desenvolvimento do ano litúrgico, que permanece até a atualidade. Inspirando-se em práticas antigas e adotadas por outras correntes religiosas, os cristãos elaboraram um processo por meio do qual os novos membros eram verdadeiramente iniciados nos mistérios cristãos e na vida de fé da comunidade. Era um processo de iniciação, no sentido mais profundo e rico, que recebeu o nome de *catecumenato*, em que o catecúmeno corresponde ao catequizando de hoje: aquele que deve ser iniciado na fé.

O vocabulário da iniciação cristã foi elaborado pelos Santos Padres[5], relacionado com a disciplina do mistério ou do segredo. Para eles, essa iniciação se refere às etapas indispensáveis para mergulhar no mistério de Cristo Jesus e para começar a fazer parte da comunidade eclesial, em espírito e verdade, por meio do Batismo. Tal comunidade tinha caráter secreto; o valor desse mistério Cristo-Igreja era explicado depois da vivência do rito por intermédio de uma catequese chamada *mistagógica*, que introduzia o neófito (recém-batizado) no significado, no valor e no alcance dos ritos realizados.

O catecumenato conheceu seu auge nos séculos III e IV, e no século V eclipsou, por várias causas, entre elas a introdução do Batismo em massa e o Batismo de crianças. Os grandes Santos Padres do fim do século IV e do século V tiveram que lutar para manter alguns elementos importantes do processo iniciático, pois este já estava perdendo força.

1.3.1 Processo e etapas da iniciação cristã

A iniciação cristã é o processo gradual da fé realizado por um convertido (aquele que trilhou o caminho do desconhecido) com a ajuda de uma

---

5 Santos Padres, Padres da Igreja ou Pais da Igreja foram teólogos cristãos cujos trabalhos são tidos como fundantes dos conceitos da Igreja. O conjunto de sua produção é o que chamamos de *patrística*.

comunidade de fiéis e com a força do Espírito de Jesus. O foco é estar mergulhado no mistério pascal de Cristo, quer dizer, na vida, na morte e na ressurreição de Jesus, que também é o elemento central da fé cristã. Citando Borobio[6], Russo (2005b, p. 17) aponta que

> em geral, a iniciação cristã é o processo por meio do qual uma pessoa é introduzida no mistério de Cristo e na vida por meio de certas mediações sacramentais), que acompanham a mudança de sua atitude fundamental de seu ser e de seu existir com os outros e no mundo, de sua nova identidade como pessoa cristã fiel.

O vocabulário da iniciação cristã foi cunhado pelos Santos Padres do Deserto[7], já nos primeiros séculos, mas somente no século XIX foi reconhecido como movimento litúrgico para designar os três sacramentos: Batismo, Confirmação e Eucaristia. O Concílio Vaticano II (1987), em seus diversos documentos, afirma que estes são sacramentos da iniciação cristã (cf. decreto *Ad Gentes* – AG, n. 14; decreto *Presbyterorum Ordinis* – PO, n. 2; e constituição *Sacrosanctum Concilium* – SC, n. 71) e guardam entre si certa unidade, tanto teológica como celebrativa. *Ad Gentes* aponta o papel dos sacramentos em relação à missão da Igreja; *Presbyterorum Ordinis* apresenta a formação dos agentes dos sacramentos; e, finalmente, *Sacrosanctum Concilium* desenvolve as formas de administrar os sacramentos. Como afirma A. Nocent (citado por Russo, 2005b), a iniciação cristã tem caráter de sacramento e abrange três etapas sacramentais.

Tertuliano (citado por Russo, 2005b, p. 18) descreveu, sucintamente, esse processo sacramental, enfatizando a unidade:

> Lava-se o corpo para que a alma seja purificada; unge-se o corpo para que a alma seja consagrada; sela-se o corpo [com o sinal da cruz] para que a alma seja fortalecida; recobre-se o corpo com a

---

6 É possível obter mais informações sobre a iniciação em Borobio (1990).

7 Padres do Deserto são um grupo de eremitas e ascetas que viveram entre os séculos III e IV na região desértica do norte da África, próximo a grandes cidades como Alexandria. São considerados os primeiros monges católicos.

sombra [pela imposição das mãos] para que a alma seja iluminada pelo Espírito Santo; nutre-se o corpo com o corpo e o sangue de Cristo para que a alma se nutra de Deus.[8]

1.3.2 Estrutura ritualística da iniciação cristã

Guilarte (2004, p. 605, citado por Stort; Naves, 2015, p. 83) assim define a iniciação cristã:

> a incorporação do candidato, mediante os três sacramentos da iniciação, no mistério de Cristo, morto e ressuscitado, e na comunidade da Igreja, sacramento de salvação, de tal modo que o iniciado, profundamente transformado e introduzido na nova condição de vida, morre ao pecado e começa uma nova existência até sua plena realização. Esta inserção e transformação radical, realizada dentro do âmbito de fé da comunidade eclesial, onde o cristão vive e dá sua resposta de fé, exige, por isso mesmo, um processo gradual ou um itinerário catequético que o ajude a amadurecer na fé.

Podemos notar que é possível aplicar com facilidade a estrutura dos ritos de passagem aos três sacramentos de iniciação cristã, considerando quatro aspectos:

1. A **introdução ao mistério pascal**, isto é, à pessoa de Jesus; é uma forma de entrar na comunidade, que está em comunhão com o mistério pascal e que acredita naquele Deus revelado por Jesus, na unidade do Espírito Santo.
2. Os **sacramentos de iniciação** – Batismo, Confirmação e Eucaristia –, que são as ações do Senhor ressuscitado, vão ao encontro das pessoas na Igreja, oferecendo a salvação. A Igreja se inicia no mistério, por

---

8 O Manual de liturgia (Celam, 2005) é uma das fontes mais adequadas para fornecer as informações sobre o assunto da iniciação.

ritos e símbolos que se manifestam, ao mesmo tempo, como meio e objetos da iniciação.

3. **A Igreja é a comunidade dos iniciados**, dotada de um papel muito ativo durante todo o processo de iniciação. Ela introduz o candidato no mistério de Cristo e, ao mesmo tempo, leva-o à descoberta das riquezas de seu próprio mistério. A iniciação se dá na Igreja, pela Igreja e para a Igreja.

4. **O sujeito da iniciação é o ser humano**, portanto tudo aquilo que faz – não simplesmente suas ações, mas também a misteriosa ação de Deus, a ação de Sua graça. O mais importante é a fé evangélica, transmitida pela Igreja, uma transformação radical de conversão interior.

Os três sacramentos de iniciação, a princípio, são participação no mistério pascal de Jesus, de modo distinto.

> De modo inicial no batismo-confirmação plenamente na eucaristia; uma única vez nos dois primeiros sacramentos, repetidamente na eucaristia. Como se pode repetir ao longo da vida, a eucaristia torna permanente, até a morte, a iniciação é inaugurada pelo batismo-confirmação. A eucaristia é sacramento da iniciação, mas também é sacramento dos iniciados. (Russo, 2005b, p. 18)

1.4 Aspectos essenciais da concepção iniciática cristã

Desde os tempos apostólicos, para ser cristão era preciso percorrer um caminho de iniciação de várias etapas, de maneira rápida ou lenta. Esse percurso abrange alguns elementos que não podem ser omitidos, como o anúncio da Palavra, a acolhida do Evangelho, a profissão de fé, o Batismo, a efusão do Espírito Santo e a comunhão eucarística, segundo ensina o Catecismo da Igreja Católica (CIC) em seu parágrafo 1229 (CNBB, 1993). Nesse sentido, aqueles que receberam a fé em Cristo pela Igreja são admitidos por meio de cerimônias litúrgicas para serem "libertados do poder das trevas, pelos sacramentos de iniciação cristã e são mortos, sepultados e ressuscitados com Cristo; recebem o Espírito da adoção de filhos e, com todo o povo de Deus, celebram o memorial da morte e da ressurreição do Senhor" (Augé, 2007, p. 237). Portanto, a concepção iniciática cristã encontra-se dividida em dois aspectos essenciais: o sacramental e o catequético.

1.4.1 A iniciação sacramental

A iniciação sacramental acontece com os três sacramentos – Batismo, Confirmação e Eucaristia –, sem os quais um indivíduo não pode ser iniciado. Portanto, ela é o acesso à experiência do mistério de Cristo mediante a passagem de um estado (catecúmeno) a outro (fiel cristão) por meio dos três sacramentos. Por ser sacramental, a iniciação cristã carrega três características:

1. É **ritual**, pois é realizada mediante um rito sacramental, na Igreja, e revela Cristo como sacramento no batizado.
2. É **definitiva**, pois os sacramentos são vistos como dom e compromisso. O Batismo e a Confirmação são tidos como permanentes, portanto dão definitivamente o nascimento da vida nova.
3. É **escatológica**, pois os sacramentos são os sinais de vida nova, a antecipação de uma plenitude final, a vida plena.

1.4.2 A iniciação catequética

A iniciação catequética é um processo de educação gradual da fé cristã, compreendida, celebrada e testemunhada. A fé evangélica não é um fato natural, que se adquire automaticamente. A iniciação cristã é a aprendizagem prolongada e identificadora; como afirmavam os Padres do Deserto, ninguém nasce como cristão, mas lentamente, durante o crescimento, vem a ser cristão. Essa iniciação precisa ser uma aprendizagem prolongada e identificadora.

Trata-se de uma *aprendizagem* porque é um processo de entrada no mistério de Deus. É *prolongada* porque é necessário ter tempo para descobrir as dimensões da Igreja e da fé. É um momento de amadurecimento, a partir da vivência eclesial e do aprofundamento dos mistérios da salvação. E, por fim, é *identificadora* porque é a iniciação à Igreja em estado de comunidade, cujos membros confessam uma fé evangélica, diferente de muitas crenças, de compromissos variados, com motivos comuns e gestos grupais. É a entrada na fraternidade, caracterizada pelo reconhecimento de Deus como Pai. Para os candidatos, é a iniciação de um tempo de identificação. Para a própria Igreja, é igualmente reidentificação.

A partir desses três pontos, podemos definir os seis elementos essenciais da iniciação cristã (Campo, 1999, p. 160, tradução nossa):

a. O anúncio de Jesus Cristo e sua mensagem de salvação;
b. O mistério pascal de Cristo;
c. A Igreja, comunidade de salvação;
d. A unidade indissolúvel dos três sacramentos da iniciação;
e. A fé e a adesão pessoal à intervenção salvadora de Deus em Cristo pelo Espírito Santo;
f. O amadurecimento da fé, a mudança progressiva e radical de mentalidade (metanoia) e estilo de vida, na comunidade eclesial.

1.5 A iniciação cristã conforme o Concílio Vaticano II

O Concílio Vaticano II (1987) elaborou vários rituais para a iniciação cristã, segundo os destinatários da celebração sacramental, para "adaptar realmente o Batismo à condição dos pequeninos e enfatizar mais no próprio rito, a participação dos padrinhos" (SC, n. 67), ao mesmo tempo, para "revisar o rito do Batismo dos adultos, tanto o simples como o solene, levando em conta a restauração do catecumenato" (SC, n. 66). Para tal procedimento, foram publicados dois documentos: o "Ritual do Batismo das crianças", em 15 de maio de 1969; e o "Ritual da iniciação cristã dos adultos", em 6 de janeiro de 1972 (Concílio Vaticano II, 1987).

Com isso, a Igreja oferece três rituais diferentes, de acordo com seus destinatários: um ritual do Batismo para crianças e dois processos iniciáticos cristãos (para uma criança em idade catequética; e para um adulto), de modo que o candidato seja conduzido à sua plena integração no mistério de Cristo e da Igreja.

Como comenta Russo (2005b, p. 21):

> Trata-se de duas lógicas diferentes, dois projetos diversos. O do Batismo de adultos segue a lógica do Novo Testamento e o sistema da Igreja primitiva. O Batismo de crianças inverte essa lógica: tem início com o rito batismal, na esperança de que se chegue à fé, e não, pela fé para terminar no rito. A consequência é que o Batismo de crianças só encontra seu sentido pleno no âmbito da iniciação, entendida como um verdadeiro processo em continuidade.

1.6 O desenvolvimento histórico da iniciação cristã

Nos primeiros séculos da Igreja, a iniciação cristã era feita de forma progressiva, tendo seu fulcro nos três ritos sacramentais administrados numa única celebração. Posteriormente, diversos fatores contribuíram tanto para separar os sacramentos como para alterar a ordem de celebração. Na sequência, apresentamos sucintamente o caminho histórico da iniciação cristã.

1.6.1 A época apostólica

Existem poucos dados sobre a iniciação cristã no Novo Testamento. Não encontramos um autêntico e explícito ritual de iniciação. Os mais notáveis estão descritos em Atos 2, livro em que observamos a seguinte sequência: o anúncio de salvação doada em Jesus, o crucificado e ressuscitado (At 2,22-36); o pedido por parte dos que se abriram para a fé, a resposta de Pedro que exige a conversão, o Batismo no nome de Jesus Cristo e o recebimento do dom do Espírito (At 2,37-41); e a inserção na comunidade, que é assídua na escuta do ensinamento dos apóstolos, na união fraterna, no partir do pão (Eucaristia) e nas orações (At 2,42-48).

A pregação dos apóstolos, de modo geral, terminava com a conversão e também com a recepção do Espírito Santo por meio da oração, da invocação e da imposição das mãos. Essa estrutura aparece em Efésios, capítulo 1, versículo 13: "Nele também vós, depois de terdes ouvido a Palavra da verdade, o Evangelho da vossa salvação, e de terdes nele acreditado, recebestes o selo do Espírito Santo". Enquadram-se dois componentes da iniciação: "a imersão nas águas batismais e a imposição das mãos – formam um único rito de iniciação. Ambos introduzem o candidato na vida cristã" (Russo, 2005b, p. 25). Por alguns séculos, depois da época apostólica, o sacramento da Confirmação fez parte das cerimônias de encerramento do Batismo, sem haver uma distinção clara entre esses dois sacramentos.

1.6.2 Do século II ao século V

A elaboração de um ritual orgânico e completo delineou-se já no século III, quando surgiram três documentos, que fundamentaram os ritos de iniciação cristã: *Didaqué* e *Apologia I*, de São Justino, e *Tradição apostólica*, de Hipólito de Roma.

Em *Didaqué*, trata-se do Batismo "em nome do Pai, do Filho e do Espírito Santo", depois de se expor a doutrina dos "dois caminhos" – a catequese e o Batismo (precedido pelo jejum). Na sequência abordam-se os temas do Pai-nosso e da Eucaristia, o que poderia ser um início do itinerário da iniciação cristã. Ali não se faz referência à Confirmação.

Apologia I segue o mesmo itinerário de *Didaqué*, com uma clara relação entre a catequese e o Batismo, ali referido como *banho batismal*.

Por fim, em *Tradição apostólica*, Hipólito de Roma oferece um ritual praticamente completo da iniciação cristã, principalmente do Capítulo 15 ao 21, que se divide em cinco etapas, conforme Augé (2007):

1. Apresentação dos candidatos e sua admissão após o exame.
2. Período do catecumenato, que inclui a catequese, a oração e a imposição das mãos.
3. Preparação próxima para o Batismo, em que o catecúmeno é chamado de *eleito* – período marcado pela imposição das mãos, acompanhada por um exorcismo.
4. Iniciação sacramental, que é composta por diversos momentos: três dias antes do Batismo, na quinta-feira anterior à Páscoa, os eleitos

tomam banho; na sexta, fazem jejum; no sábado, encontram-se com o bispo, que impõe as mãos e sopra no rosto deles; à noite, faz-se a vigília; e no domingo celebra-se o rito solene do Batismo, em que o bispo cumpre alguns ritos que correspondem à Confirmação e depois o neófito participa, com todo o povo, da celebração eucarística.

5. Catequese mistagógica, quer dizer, de iniciação aos mistérios, em que o bispo dá as informações complementares em segredo a respeito dos mistérios para todos aqueles que receberam a Eucaristia[9].

1.6.3 Do século VI ao século X

Nesse período, encontram-se dois documentos importantes, que constituem a base textual e ritual de toda a evolução da iniciação cristã: o *Sacramentário gelasiano antigo* e o *Ordo romanus XI*. Ambos ressaltam que a iniciação se realiza numa única celebração, à qual se sucedem o Batismo, a Confirmação e a Eucaristia. Como observa Augé (2007, p. 115): "O Batismo se realiza com a tríplice imersão e a interrogação sobre a fé nas três Pessoas da Trindade; a Confirmação é conferida mediante a imposição das mãos, com uma fórmula que exprime os sete dons do Espírito Santo, e com a unção; tudo se encerra com a celebração eucarística".

Os documentos posteriores, embora testemunhem algumas modificações e acréscimos, são, em grande parte, repetitivos e seu interesse consiste em confirmar a passagem de uma estrutura progressiva da iniciação cristã para uma celebração unitária de todo o processo de iniciação. Esse fato levou ao desaparecimento do Batismo dos adultos e à generalização do Batismo das crianças.

---

9 Para mais informações sobre o resgate histórico dos sacramentos e o sentido da celebração litúrgica da iniciação realizada ao longo dos séculos pelos santos teólogos da Igreja, conferir Augé (2007).

1.6.4 Do século X ao Concílio Vaticano II

O segundo milênio significou uma fixação definitiva dos elementos rituais da iniciação cristã. Inúmeros documentos a esse respeito precederam o Concílio de Trento. O Batismo ficou desvinculado da Páscoa; o catecumenato deixou de ter uma finalidade, embora mantivesse alguns elementos no ritual do Batismo; a Confirmação ficou separada deste para adquirir sua verdadeira compreensão.

Depois do Concílio de Trento, no *Ritual Romano*, promulgado por Paulo V em 1614, propôs-se um *Ordo baptismi parvulorum* – elaboração de um rito para as crianças com a simplificação do rito dos adultos – seguido por um *Ordo baptismi adultorum*, que apresentou cada qual uma única celebração, cujas etapas foram marcadas de forma simbólica pela introdução do batizando na Igreja, antes do último exorcismo e da troca dos paramentos do sacerdote, de roxo para branco.

O IV Concílio de Latrão, do ano de 1215, considerou a Eucaristia como plenitude da iniciação; portanto, pedia aos fiéis que se aproximassem dela, ao menos por ocasião da Páscoa, a partir da chamada *idade de razão*. E assim os sacramentos da iniciação cristã ficaram definitivamente separados entre si, levando mais tarde a uma alteração total da ordem tradicional, de tal forma que a Confirmação chegou a ser celebrada depois da Penitência e da Eucaristia.

1.6.5 A iniciação cristã depois do Concílio Vaticano II

A constituição *Sacrosanctum Concilium* (SC, n. 64-71) restabelece o catecumenato dos adultos e indica os critérios para a reforma dos ritos do Batismo e da Confirmação. Com relação a este sacramento, no documento demonstra-se o desejo de que apareça mais claramente sua íntima relação com toda a iniciação cristã (SC, n. 71). No dia 15 de maio de 1969, foi promulgado o ritual do Batismo, "adaptado à verdadeira condição das crianças" (SC, n. 67); o ritual da Confirmação foi apresentado no dia 15 de agosto de 1971; e no dia 6 de janeiro de 1972, apresentou-se o ritual da iniciação cristã de adultos, que levou em conta a restauração do catecumenato (SC, n. 66).

Síntese

Tornar-se cristão exige uma iniciação que se realiza conforme a tradição estabelecida, desde os tempos dos apóstolos, por um itinerário e por várias etapas. Esse tipo de iniciação é um elemento universal, pois todas as culturas ou sociedades a desenvolveram, denominando-a, por vezes, como *rito de passagem*. Os ritos são realizados conforme a idade e a necessidade da pessoa a ser introduzida na comunidade. Na tradição cristã, esses ritos são chamados de *sacramentos* e devem incluir alguns elementos essenciais: o anúncio da Palavra, o acolhimento do Evangelho (acarretando uma conversão), a profissão de fé, o Batismo, a efusão do Espírito Santo e o acesso à comunhão eucarística. A iniciação cristã não se limita à celebração dos ritos que a caracterizam, mas envolve toda a vida do fiel. É de uma riqueza inesgotável, pois Deus sempre nos chama e espera nossa resposta, sem cessar, mediante o testemunho e a vivência do Evangelho.

Indicação cultural

PAULINAS WEBTV. **A nova iniciação cristã**. Projeto de formação continuada para catequistas. 27 mar. 2013. 8 min. Disponível em: <https://www.youtube.com/watch?v=AgkTua4JFkA>. Acesso em: 1º mar. 2018.

Esse vídeo aborda a dimensão principal da iniciação cristã. Nele, o padre Francisco Lelo apresenta os elementos importantes dos sacramentos de iniciação e explica como devem ser administrados na atualidade.

Atividades de autoavaliação

1. O que é iniciação?
   a) É a forma de introduzir o indivíduo para algo num ambiente familiar, social, cultural e religioso.
   b) É um processo preparativo para viajar.
   c) É uma escola de ensinamento de doutrinas e dogmas.
   d) É um ambiente de oração e culto para melhorar a qualidade de vida.

2. São quatro os elementos estruturais que configuram o processo iniciático. Assinale a alternativa que apresenta corretamente esses elementos:
   a) Mistério, sacramentos, povo de Deus e comunidade de iniciados.
   b) Batismo, Confirmação, Unção dos Enfermos e Eucaristia.
   c) Sacerdote, ministros, diáconos e comunidade dos fiéis.
   d) Mistério, corpo de símbolos, comunidade de iniciados e sujeito da iniciação.

3. Quais são os sacramentos de iniciação?
   a) Unção dos enfermos, Ordem e Batismo.
   b) Matrimônio, Confirmação e Eucaristia.
   c) Batismo, Confirmação e Eucaristia.
   d) Penitência, Confirmação e Eucaristia.

4. A iniciação cristã, por meio dos três sacramentos, remete ao acesso à experiência do mistério de Cristo, mediante a passagem de um estado (catecúmeno) a outro (fiel cristão). Por ser sacramental, a iniciação cristã carrega três focos distintos. Assinale a alternativa que apresenta corretamente esses focos:

a) Iniciação como sacramento, iniciação como documento e iniciação como passagem.
b) Iniciação como ritual, iniciação como algo definitivo e iniciação escatológica.
c) Iniciação como rito de passagem, iniciação como uma viagem e iniciação.
d) Iniciação como vida e morte da pessoa, iniciação como introdução da pessoa e iniciação como Batismo da pessoa.

5. Os ritos de passagem ou de transição caracterizam-se por três fases. Assinale a alternativa que apresenta corretamente essas fases:
   a) Separação, margem ou limen e sacramentalização.
   b) Separação, Batismo e Unção dos Enfermos.
   c) Margem, Eucaristia e separação.
   d) Separação, margem ou limen e reagregação.

Atividades de aprendizagem

Questões para reflexão

1. Descreva uma experiência religiosa marcante em sua religião.
2. Descreva e explique a imagem que lhe vem à mente quando pensa em iniciação cristã.
3. Como você encara o desafio da presença de diversos ritos de iniciação?
4. Enumere e explique os pontos comuns entre a iniciação cristã e outras iniciações.

Atividades aplicadas: prática

1. Depois de responder às questões apresentadas para a reflexão pessoal, faça uma visita a uma Igreja ou a qualquer outro lugar sagrado que possa levá-lo a uma experiência religiosa. Registre essa experiência em um texto escrito.

2. Entreviste pessoas que participaram de ritos de iniciação cristã e analise as opiniões delas sobre a iniciação.

3. Com base na leitura deste capítulo, elabore um plano de aula para o tema da inciação da disciplina, escolhendo um dos aspectos mais importantes relacionados à religiosidade atual brasileira.

Conteúdos importantes:

- História de origem e desenvolvimento da iniciação.
- O termo *rito de passagem* e seus desdobramentos.
- Os elementos importantes da iniciação cristã.
- Iniciação cristã depois do Concílio Vaticano II.

Após a elaboração e a aplicação do plano, compartilhe-o com seus colegas para comparar os resultados alcançados.

2 Fundamentos bíblicos dos sacramentos[1]

---
[1] Todas as passagens bíblicas indicadas neste capítulo são citações de Bíblia (2002).

Neste capítulo, analisamos os fundamentos bíblicos dos sacramentos. Todos os sete sacramentos deitam suas raízes na Sagrada Escritura, tanto no Antigo quanto no Novo Testamento, parte em que esse enraizamento é mais evidente. Em um primeiro momento, apresentamos os aspectos ligados aos sacramentos no Antigo Testamento e, em seguida, analisamos os textos do Novo Testamento.

O desenvolvimento dos sacramentos encontra-se vinculado ao desejo de conhecer a habitação e a forma de atuação de Deus. A humanidade teve os próprios modos de organizar a vida para tal finalidade. Os gestos e as palavras que pertencem à nossa história são um deles: os sacramentos são os momentos ou etapas específicas de encontro com Deus. Para os cristãos, conhecer e vivenciar os sacramentos é muito importante para experimentar o amor que nos foi revelado e presenteado na pessoa de Jesus Cristo.

2.1 Sacramentos no Antigo Testamento

No Antigo Testamento, não encontramos o tratamento direto e amplo referente aos sacramentos como nós os entendemos na atualidade. O Antigo Testamento os apresenta como símbolos e gestos por meio dos quais Deus e os seres humanos entram num pacto de fidelidade entre si. Por esses símbolos, Deus se manifesta e participa da criação e da vida das pessoas. Podemos dizer que, num sentido muito amplo, isso é um sacramento, um símbolo de algo mais profundo e transcendente que conduz à comunhão; assim, encontramos os sacramentos no sentido geral e amplo, não no sentido específico e concreto dos sete sacramentos.

Durante a antiga dispensação, havia dois sacramentos: a Circuncisão e a Páscoa. Alguns teólogos são da opinião de que a circuncisão teve origem em Israel e que foi desse povo da aliança que outras nações a adquiriram. A prática pode ser encontrada em muitos povos da Ásia, da África e até da Austrália, e é muito improvável que todos a tenham adquirido de Israel. Todavia, somente em Israel ela se tornou um sacramento da aliança e da graça. Como pertencente à dispensação do Antigo

Testamento, era um sacrifício cruento, que simbolizava a excisão da culpa e da corrupção do pecado e forçava as pessoas a deixarem que o princípio da graça de Deus penetrasse em suas vidas completamente. A páscoa, por sua vez, também foi um sacrifício por meio do qual os israelitas, em direção à terra prometida, escaparam do destino dos egípcios. Para recordar essa libertação, a família elaborava o sacrifício, imolando o cordeiro que fora criado por ela, simbolizando assim um ato assimilativo de fé, muito parecido com aquele de comer o pão na Ceia do Senhor.

Nas páginas do Antigo Testamento, verificamos que o povo de Israel usava, nas festas e nos ritos, objetos materiais com valor simbólico, como água, óleo, fogo, cinzas, pão, animais etc. Também utilizava gestos simbólicos como a imposição das mãos, a unção e as aspersões e recorria a fórmulas religiosas, orações e bênçãos. Podemos destacar três símbolos que remetem a uma íntima relação e que se tornaram fundamentos na elaboração do conteúdo e do significado dos sete sacramentos da Igreja: a bênção, a oferenda e o perdão.

Todos os sete sacramentos, de uma forma ou de outra, encontram suas raízes nesses três gestos. O **Batismo** remete à escolha por Deus de um povo específico, com quem estabeleceu uma aliança; a **Confirmação** é vista como a presença do Espírito de Deus em todos os momentos, desde a criação do mundo; a **Eucaristia** estabelece a dimensão dos sacrifícios e oferendas que o povo realizava pelas boas colheitas ou outros benefícios recebidos; a **Penitência** vincula-se à experiência da conversão e do perdão, nos momentos de infidelidade à aliança; a **Ordem** e a **Unção dos Enfermos** remetem ao símbolo da unção com óleo, já que, após esta, os sacerdotes administravam a bênção; por fim, o **Matrimônio** encontra raízes na narrativa da criação de Adão e Eva.

Para melhor entendimento, apresentaremos as raízes da bênção, da oferenda e do perdão, desenvolvendo essas três áreas específicas.

2.1.1 Bênção

Toda a história da salvação é também a história da bênção. Deus abençoou, no início da criação, a multiplicação dos seres aquáticos, das aves do céu e dos homens (Gn 1,22.28); abençoou Noé e a aliança cósmica feita com ele; abençoou Abraão (Gn 12,3) e com ele a bênção foi derramada sobre a história, pois o plano de Deus é abençoar todas as famílias da Terra, em cuja raiz se encontra a vontade amorosa e benfazeja d'Ele. No Antigo Testamento, a bênção assumiu significados com matizes diferentes. No nosso entendimento, ela estava intimamente vinculada ao sacramento da Ordem, pois eram os sacerdotes que a administravam, tanto para o povo em geral quanto para doentes. Eles mesmos eram ungidos e, assim, escolhidos conforme a tradição de Melquisedec.

A importância da bênção encontra-se no Deuteronômio, em que a

> bênção e a maldição são colocadas no interior de um diálogo – o da aliança –, na qual a primazia é ocupada pela graça divina, mas na qual também é indispensável a resposta da liberdade humana. As grandes bênçãos do Deuteronômio (23,1-14) pressupõem uma carta de aliança que proclama a vontade divina, e depois a adesão do povo; e por fim, o ato cultural que sela o acordo e lhe confere um valor sagrado. (Augé, 2007, p. 246-247)

A bênção, pela qual os sacerdotes são constituídos ministros, garante para o povo a presença de Iahweh no meio dele durante o curso da história. No início, o culto israelítico, na tenda da reunião, acontece com ofertas de sacrifícios, seguidas da bênção do povo e depois da manifestação da "glória" do Senhor e da Sua presença (Lv 9,22-23). Nessa bênção, o povo conhece o dom da graça de Iahweh e percebe o chamado para a sua aceitação: a bênção é o selo que sanciona a conclusão do encontro do povo com a presença divina no Sinai e com o solene ato inicial da caminhada do deserto.

A bênção é vista sob dois prismas que se unem: (1) é descendente de Deus para a humanidade e para o cosmos e (2) é ascendente da humanidade para Deus, quando o povo canta Sua presença e Seu inclinar-se repleto de graça e misericórdia. Esses prismas encontram-se na literatura sapiencial, especialmente nos Salmos.

2.1.2 Oferenda ou rito do sacrifício

O sacramento de Eucaristia encontra suas raízes no Antigo Testamento, no desenvolvimento de variados ritos de oferenda e sacrifícios. Os sacrifícios oferecidos tinham a função particular de ser meio para sigilar uma aliança entre Deus e a humanidade. Por meio deles, o fiel oferecia a Deus algo para implorar a reconciliação e a ajuda. A natureza humana leva a manifestar o desejo de comunhão com Deus simbolicamente por meio de algo concreto que é uma oferenda. Caim e Abel ofereceram ao Senhor as primícias do seu campo e do seu rebanho. Diz-se no Gênesis que uma foi aceita por Deus, e a outra, não. O que está subjacente é o oferecimento, ou melhor, a intenção da oferenda.

Pouco a pouco, esses atos de comunhão com Deus e de perdão dos pecados foram tomando forma de rituais. As antigas festas para celebrar motivos cósmicos (início da primavera, tempo de colheita etc.) foram tomando um sentido religioso com um significado mais profundo: libertação, aliança e salvação. Entre as mais importantes está o memorial, que é a festa da Páscoa, tratando-se não só de uma lembrança do evento da libertação do Egito, mas de um perenizar a ação salvadora de Deus. Celebrando a Páscoa, continua-se recebendo os efeitos da libertação e da salvação. Os cultos eram realizados para colocar-se na presença de Deus, como um símbolo externo, um rito, que trazia um efeito espiritual, transcendente.

Os antropólogos apresentam, na tradição bíblica, principalmente no Antigo Testamento, diversos tipos de sacrifícios. O Livro do Levítico reduz os sacrifícios a quatro formas fundamentais: *òla, minkhâ, shelamin* e *hattât* (Augè, 2007).

Òla era o sacrifício do holocausto, o sacrifício mais solene de Israel, no qual a vítima era queimada completamente, menos o couro, como sinal da expiação e do dom oferecido a Deus. A palavra *òla* vem da raiz de significado "para subir", provavelmente porque a fumaça e a chama sobem aos céus. No caso do holocausto, o animal deveria ser macho, sem deficiência física, em cuja cabeça o ofertante deveria colocar a mão, simbolizando que o sacrifício era em seu benefício.

O sacrifício *minkhâ* era a apresentação da vítima, se ela fosse de natureza vegetal.

Já o *shelamin* era o sacrifício da comunhão, portanto era comunitário; nele ocorria a união entre Deus e o doador. Era efetuado por meio da oferta e dos agradecimentos. Nesse sacrifício, a vítima era partilhada entre três partícipes: uma porção para Deus, outra para o sacerdote e a terceira para o ofertante, que a comia com seus familiares e convidados.

Os sacrifícios *hattât* recorriam à ideia do pecado. Nesses sacrifícios de expiação, de vários tipos, os ofertantes tinham o objetivo de fazer as pazes com Deus. Neles eram oferecidos animais perfeitos e era permitido comer as oferendas. Havia também os sacrifícios de libertação e os de reparação dos pecados.

Nos tempos anteriores ao Antigo Testamento, não era necessário (embora pudesse ocorrer) fazer os sacrifícios individuais ou familiares no santuário e com a participação do sacerdote. O envolvimento dos sacerdotes no sacrifício aumentou, especialmente durante a Monarquia, com o reconhecimento da santidade da casa de Deus, que foi estendida para o altar de holocaustos, que antes estava situado fora da casa. O contato com o altar era, então, reservado aos sacerdotes, pois a função sacerdotal conferia-lhes certo grau de santidade, o que os diferenciava das pessoas comuns.

Em consequência desse desenvolvimento, as prescrições sacrificiais permitiam que quem não fosse sacerdote israelita matasse a vítima (Lv 1,5; 3,2.8.13), mas os ritos do sangue (Ex 33,10; Lv 17,11.14) e todas as outras ações que pertencem ao sacrifício deveriam ser realizadas pelo sacerdote, pois exigiam certo contato com o altar. O sacerdote era designado para fazer o holocausto, fazer subir a fumaça das ofertas vegetais e oferecer o sacrifício todos os dias.

2.1.3 Perdão

No que se refere ao Antigo Testamento, toda a história da Revelação pode ser dividida em dois momentos: Aliança e Penitência. Assim, a aliança eterna por parte de Deus só pode existir com o povo de Israel, em virtude de uma contínua pregação da penitência por parte dos profetas (Bañados, 2005). Podemos entender que a conversão, a purificação, a penitência e o perdão remetem a significados similares ao longo dos relatos bíblicos; é provável que o rito da purificação do povo seja mais antigo e primitivo. De acordo com o antigo calendário do ambiente do deserto: "os pecados do povo são transferidos para um bode, por intermédio da confissão ao sacerdote e da imposição das mãos, sendo o bode entregue à vontade do demônio Azazel, que habita no deserto" (Bañados, 2005, p. 211).

O perdão, no Antigo Testamento, foi construído já no Gênesis, a partir do tema do pecado original. Os cenários do jardim do Éden eram: estabelecimento da regra de não comer a fruta da árvore que estava no centro; introdução da serpente no jogo, insistindo para que Adão e Eva comessem da fruta; e, ao acabarem de comer, a expulsão dos dois do jardim. Todas essas cenas giram ao redor do pecado original e da eventual iniciativa de Deus para redimir humanidade. No Gênesis, percebemos que a criação é como um livro aberto, no qual lemos a manifestação de

Deus em Suas criaturas; porém, o pecado original nublou nossas vistas para nos impedir de reconhecer o nosso Criador em tantas obras. Assim, Deus viu a necessidade de se manifestar e nos conduzir à comunhão com Ele e ao perdão.

A dimensão do perdão e da reconciliação se torna nítida quando Deus estabelece a Aliança com o povo de Israel, na entrega da Torá, logo após a experiência mística de Moisés no Monte Sinai. Israel aprendeu a viver a Aliança com fidelidade por dois caminhos: o primeiro, pelo caminhar histórico da obediência a Iahweh; e o segundo, que passou pela transgressão da Torá e pelo esquecimento da Aliança, seguidos pelo castigo de Iahweh. A fidelidade do povo à Aliança determinava a fidelidade e a proteção de Deus. Contudo, o perdão sempre acompanhou o ser humano, ao longo da história, como apresentam os textos bíblicos.

Segundo Pitz (2018), há no Antigo Testamento manifestações simbólicas, que são meios visíveis e materiais ou pontos de referência do Divino; esses símbolos são os sacramentos, por meio dos quais Deus concedia a seu povo "os frutos da comunhão e da remissão dos seus pecados". Esse fruto só encontra plenitude, porém, na paixão, morte e ressurreição de Cristo.

O sacramento da Confirmação, por exemplo, no Antigo Testamento, estabelece uma íntima relação com o Espírito, visto como força divina que atua na Criação e na história. Todas as suas ações se destinam a confirmar o povo eleito em sua vocação, a fortalecê-lo para realizar a missão a que foi destinado e para fazer dele um servo e colaborador nos planos de Deus. O Espírito de Deus atua nos juízes para que possam cumprir sua missão libertadora diante do povo; atua nos reis com a unção a fim de que possam realizar a tarefa de proteger o povo escolhido; e atua nos profetas, eleitos e chamados, com uma força irresistível, que os obriga a falar em nome de Deus.

2.2 Sacramentos no Novo Testamento

A princípio, o Novo Testamento também aponta os dois sacramentos que foram instituídos por Jesus: o Batismo e a Eucaristia (a Ceia do Senhor). A estes foram acrescentados a Confirmação, a Penitência, a Ordenação, o Matrimônio e a Extrema-Unção. Eles, contudo, representam as mesmas bênçãos espirituais que eram simbolizadas pela Circuncisão e pela Páscoa do Antigo Testamento. Expomos, a seguir, os fundamentos de todos os sacramentos com base na análise dos textos bíblicos.

2.2.1 Batismo

O início do sacramento do Batismo encontra-se na ordem dada por Jesus aos seus discípulos: "Ide a todo mundo e fazei todos meus discípulos, batizando-os em nome do Pai, do Filho e do Espírito Santo" (Mt 28,19). O próprio Jesus faz sua iniciação para a vida pública batismo administrado por São João Batista no Rio Jordão. Diversas imagens do Batismo se encontram no Novo Testamento: o batismo concede a salvação (Mc 16,15-16) e confirma nossa vocação de discípulos (Mt 28,19). Ele nos faz viver em companhia de Jesus, como templo espiritual (1Cor 6,19) e filhos adotivos do Pai.

A prática do Batismo seria uma forma de se converter que nós encontramos na exortação dos apóstolos: "Convertam-se e recebam o Batismo" (At 2,38). Dessa forma, percebemos que esse sacramento é causa de uma vida nova: sem ele, não entramos no Reino de Deus (Jo 3,5), pois constitui o meio necessário de salvação (At 2,38). O Batismo era precedido pela recepção da Palavra, que causava uma resposta de fé em quem ouvia com o coração disposto (At 8,12).

2.2.2 Confirmação

O Novo Testamento mostra que o Espírito Santo desce definitivamente na pessoa de Jesus já em sua concepção (Lc 1,35). No início de sua missão, Ele foi movido pelo Espírito, quando disse: "O Espírito do Senhor está sobre mim, porque me ungiu [...]" (Lc 4,18). A atividade pública de Jesus começa com a unção e é confirmada no deserto. Mais tarde, Cristo promete a seus discípulos o dom do Espírito como fruto messiânico de sua redenção. É o maior exemplo da difusão do Espírito sobre os apóstolos no Pentecostes, com o qual eles são confirmados para pregar o Evangelho até os confins do mundo.

2.2.3 Eucaristia (Ceia do Senhor)

A Eucaristia também tem origem e permanência ininterrupta na vida da Igreja, graças a uma ordem precisa dada por Jesus Cristo aos discípulos no decorrer de sua última ceia pascal: "Façam isto em minha memória" (Lc 22,19). A primeira coisa que sabemos acerca da Eucaristia no Novo Testamento é que a comunidade cristã se reunia, sobretudo aos domingos, para celebrar o que chamava de *fração do pão* ou *ceia do Senhor*, em obediência à ordem de Jesus. Outros textos neotestamentários também abordam essa celebração.

Existem quatro relatos da Eucaristia no Novo Testamento que se referem a um mesmo acontecimento: a última ceia de Jesus com os Seus, antes de passar pela paixão e morte. O relato mais antigo parece ser o da primeira carta que Paulo escreveu aos coríntios (1Cor 11,23-25), na qual se encontra o trecho:

> Na noite em que foi entregue, o Senhor Jesus tomou o pão e depois de dar graças, o partiu e disse: "Isto é meu corpo que é para

vocês; façam isto em memória de mim. [...]". Após a Ceia, tomou também o cálice, dizendo: "Este cálice é a Nova Aliança no meu sangue; todas as vezes que vocês beberem dele, façam isso em memória de mim".

Nessa primeira fase, a consagração do pão e a consagração do cálice se apresentam separadas da ceia. Provavelmente, esse é o primeiro esquema da celebração eucarística da ceia pascal judaica, em cujo âmbito teve lugar a instituição.

Outro relato é o de Lucas (22,15-20), no qual encontramos: "Então Jesus pegou o cálice, agradeceu a Deus e disse: 'Tomem isto e repartam entre vocês [...]'. A seguir, Jesus tomou um pão e disse '[...] Isto é o meu corpo, dado por vocês. Façam isto em memória de mim'". Nessa fase, a ceia desaparece ou muda de lugar. A bênção do cálice vem primeiro e, em seguida, vem a bênção do pão.

O terceiro relato encontrado é o de Marcos (14,22-24), que diz: "Enquanto comiam, Jesus tomou o pão e, tendo pronunciado a bênção, o partiu, distribuiu a eles: [...]. Em seguida tomou o cálice [...]: 'isto é o meu sangue, o sangue da aliança. [...]'". Nesse relato, a morte de Jesus aparece como sacrificial e selo da Aliança.

Por fim, há o relato de Mateus (26,26-28), que narra: "Enquanto comiam, Jesus tomou o pão [...] e em seguida, tomou o cálice '[...] para remissão dos pecados [...]'". Esse relato, derivado daqueles registrados no cântico de Isaías, apresenta a base do pensamento sobre a morte expiatória do servo de Deus.

Além desses, encontram-se outros relatos que também podem apoiar os fundamentos bíblicos para a Eucaristia. Por exemplo, na Primeira Carta aos Coríntios, capítulo 10, versículos 14 a 22, Paulo fala do "pão que partimos" e do "cálice da bênção que bendizemos", e afirma que são "comunhão com o Corpo e o Sangue de Cristo". No capítulo 11, versículos 17 a 33, ele fala da "ceia do Senhor" como algo recebido da tradição.

Em Atos (2,42-46), a Eucaristia aparece como parte do conjunto da vida comunitária, que é descrita por quatro traços fundamentais: ensinamento dos apóstolos, comunhão, fração do pão e orações. Ainda em Atos (20,7-12), é apresentada a reunião comunitária para a fração do pão, que ocorre no primeiro dia da semana. No mesmo livro, Paulo aparece numa refeição normal, com os marinheiros da embarcação que naufragou quando ele se dirigia a Roma. Os gestos dessa ceia (tomou o pão, deu graças, partiu-o e comeu) propõem a celebração eucarística num contexto de salvação (At 27, 33-38).

Por fim, em Lucas (24,13-55), encontramos o relato dos discípulos de Emaús, que afirmam que a presença do Senhor ressuscitado foi vivenciada pela comunidade sob outras perspectivas: a proclamação da Palavra (vers. 32), a fração do pão (vers. 35) e a própria comunidade (vers. 33-34) (D'Annibale, 2005).

Ao considerar esses relatos, podemos observar que a ceia da qual se origina a Eucaristia é fato comunitário; é uma refeição compartilhada, pois todos comem o mesmo pão e bebem do mesmo cálice, passando do primeiro até o último; é uma refeição de despedida, a última antes de sua morte, e tem o caráter de testamento; Jesus não come nem bebe desse pão ou desse vinho que Ele entrega aos outros. Por fim, nessa refeição, Jesus bendiz a Deus, isto é, agradece a Deus (Galindo, 1999).

Esses relatos também indicam que a Eucaristia é entendida como refeição, com tudo o que significa, tanto na ordem humana como na religiosa, e especialmente nas atitudes de Jesus com referência às refeições, antes e depois de sua morte e ressurreição. A última ceia tem claro tom pascal, considerando toda a memória, a alegria, a renovação da Aliança, o louvor, a bênção e os laços comunitários que comporta. Como afirma D'Annibale (2005, p. 124-125),

> As palavras de Cristo sobre o pão e o vinho têm um profundo sentido de autodoação sacramental: depois de sua morte, em

sua nova maneira de existência gloriosa, o modo de encontro e comunhão com sua comunidade será esse pão e esse vinho, que são seu Corpo e seu Sangue. O próprio Messias, em Pessoa, será fonte de bênção escatológica e o alimento para os fiéis.

2.2.4 Penitência

No Novo Testamento, encontramos uma fusão entre diversos ritos. Podemos reduzir, por exemplo, o batismo de penitência feito por João a uma liturgia penitencial que envolvia uma confissão (Mt 3,6), pois a penitência-conversão consistia numa volta, num regresso a Deus. Cristo dá início à sua missão profética empregando o tema da penitência-conversão que foi a de São João Batista: "Convertei-vos porque o reino de Deus está próximo" (Mc 1,15).

Jesus afirma que sua missão era "chamar os pecadores" (Mt 9,13); não alguns, mas todos. No caso de penitência, encontramos o início da fusão entre fé e perdão. Isso pode ser ilustrado pelos casos do paralítico e da pecadora: "Vendo a fé deles, disse ao paralítico: 'Ânimo, filho, teus pecados te são perdoados'" (Mt 9,2); e à pecadora: "Teus pecados te são perdoados [...] tua fé te salvou" (Lc 7,48-50).

2.2.5 Ordem

É importante olhar com atenção para a história, principalmente quando considerado o argumento que nos ocupa, porque os ministérios, sendo funções exercidas por homens concretos, em situações históricas diferentes, estão facilmente sujeitos a poderosos condicionamentos socioculturais, quer no exercício delas, quer no conceito que delas se faz. A origem desse sacramento se encontra no Livro de Marcos, em que se afirma:

"Depois, [Jesus] subiu à montanha e chamou a si os que ele desejava escolher; e eles foram até ele. E constituiu o grupo dos Doze, para que ficassem com ele e para enviá-los a pregar" (Mc 3,13-15). Nesse contexto solene, Jesus escolhe os chefes do novo povo de Deus, representantes das doze tribos do antigo Israel. É a eles que confia o memorial de Sua Páscoa durante a última ceia, instituindo a Eucaristia, esse ministério apostólico denominado *Ordem*, segundo o que estabelece Melquisedec para designar o sacerdócio de Cristo. Assim, desde o início, o sacerdote é considerado, em relação à comunidade, escolhido por ela e constituído para lhe prestar serviços.

Alguns autores julgam, ainda, que o essencial do rito da ordenação se encontra em Atos: "Enquanto eles estavam celebrando o culto do Senhor e jejuando, o Espírito Santo disse: 'Reservai para mim Barnabé e Saulo para a obra para a qual os escolhi'. Então, depois de ter jejuado e rezado, impuseram-lhes as mãos e os despediram" (At 13,2-3).

2.2.6 Matrimônio

No Novo Testamento, o Matrimônio é também considerado mistério em relação à união de Cristo com a Igreja (Ef 5,32); isso quer dizer que a união do homem e da mulher, estabelecida por Deus, é a figura da união de Cristo com a Igreja. Assim, o matrimônio cristão deve se tornar sinal e, portanto, anúncio vivido do amor de Cristo para com os homens.

Essa realidade humana e misteriosa do matrimônio, porém, não recebe uma estrutura por parte de Cristo e da Igreja primitiva de forma celebrativa, determinada.

2.2.7 Unção dos Enfermos

Na tradição bíblica, o óleo é sinal de alegria, de riqueza e de felicidade (Sl 23,5; 104,15; 133,2), mas também é considerado alimento e remédio, capaz de fazer restabelecer a saúde, aliviando as dores e dando força. Graças a essas qualidades, quem era ungido com óleo poderia realizar coisas extraordinárias. A unção é o veículo do Espírito de Deus que reveste as pessoas escolhidas pelo Senhor com a força necessária para corresponder à vocação a que Ele as chama.

A Igreja apostólica teve um rito próprio em favor dos enfermos, o gesto da "unção com óleo", como aponta São Tiago: "Algum de vocês está doente? Chamem os presbíteros da Igreja, para que orem sobre ele e o unjam com óleo em nome do Senhor. E a oração da fé salvará o enfermo, e o Senhor fará que se levante e, se tiver cometido pecados, estes lhes serão perdoados" (Tg 5,14-15). A unção de que São Tiago fala é totalmente original em relação à do Antigo Testamento, pois é no contexto da fé que se realiza a unção. A oração de fé exclui toda concepção mágica da eficácia do óleo. O resultado da unção é atribuído à oração e aplicada ao enfermo com uma finalidade religiosa, desde que feita em nome do Senhor.

2.3 Origem bíblica dos sete sacramentos

Como afirmamos anteriormente, não encontramos indícios diretos da instituição dos sacramentos na Bíblia. Todavia, nela encontramos vários elementos para postular que todos estejam vinculados entre si: por exemplo, no Antigo Testamento com o trinômio *bênção, oferenda* e *perdão*, e no Novo Testamento por meio do binômio *Batismo* e *Eucaristia*. A Igreja apostólica romana afirma que os sacramentos são sinais externos visíveis da graça, instituídos por Cristo para a santificação da humanidade. Ela nos ensina que, apesar de Deus poder dar a graça à humanidade sem símbolos visíveis (sacramentos), Ele preferiu fazê-lo também por meio de símbolos visíveis (Got Questions, 2018).

Portanto, para se qualificar essa graça como *sacramento*, os seguintes critérios devem ser satisfeitos: "a) deve ser externo, ou seja, ser um sinal sensível, perceptível da graça santificadora; b) deve produzir graça; c) deve ser instituído por Jesus Cristo. Por essa razão, os sacramentos não são meramente um símbolo, mas se crê que realmente concedem a graça santificadora a quem os recebe. A Igreja Católica Romana crê que todos os seus sete sacramentos foram instituídos pelo próprio Cristo" (Got Questions, 2018).

Síntese

Todos os sacramentos têm suas raízes na Sagrada Escritura. No Antigo Testamento, essas raízes não são tão visíveis, mas no Novo Testamento existem textos que sustentam esse enraizamento. No Antigo Testamento, resumem-se a três – bênção, oferenda e perdão –, enquanto no Novo Testamento, há dois – Batismo e Eucaristia, aos quais posteriormente foram adicionados os outros. Pressupõe-se que esses sacramentos comunicam, em acréscimo à graça geral da santificação, uma graça sacramental especial, diferente em cada um deles.

Essa multiplicação dos sacramentos criou uma dificuldade para a Igreja, mas sabemos que eles significam ação de Deus na vida humana. Todas as graças de que necessitamos, as recebemos, desde que tenhamos fé em Jesus como Salvador (Ef 2,8-9). A graça salvadora concedida no momento da genuína fé é a única que a Palavra de Deus nos chama a receber. Ela é recebida pela fé, não pela observância dos rituais.

Os sacramentos devem encontrar seu fundamento na Palavra de Deus, que é a Bíblia. O Antigo Testamento aborda a dimensão da promessa feita ao povo escolhido sobre o envio do Messias, e o Novo Testamento confirma o cumprimento da promessa na pessoa de Jesus Cristo.

Indicações culturais

OS 7 SACRAMENTOS. Disponível em: <https://www.youtube.com/watch?v=bUiRKleBxw8>. Acesso em: 3 dez. 2017.
Nesse vídeo, são explicados o que são os sacramentos e como Deus concede Sua graça por meio deles.

¿SON BÍBLICOS los siete sacramentos católicos? Disponível em: <https://www.youtube.com/watch?v=U3PLiH7zMZ4>. Acesso em: 3 dez. 2017.
Nesse vídeo, em espanhol são apresentados os sacramentos com fundamentação na Bíblia.

Atividades de autoavaliação

1. Os três símbolos do Antigo Testamento têm uma íntima relação entre si e se tornam fundamentais na elaboração do conteúdo e do significado dos sete sacramentos da Igreja. Esses símbolos são:
   a) oferenda, Extrema-Unção e Batismo.
   b) Eucaristia, Confirmação e Penitência.
   c) perdão, oferenda e Confirmação.
   d) bênção, oferenda e perdão.

2. A respeito das variedades de sacrifícios que se pode encontrar no Antigo Testamento, assinale a alternativa correta:
   a) O Livro de Deuteronômio apresenta variedades de sacrifícios no Antigo Testamento, mas o Livro do Levítico não.

b) Existem cinco tipos de sacrifícios no Antigo Testamento: holocausto, êxodo, *minkhâ*, deuteronômio e imolação.
c) O Livro do Levítico reduz os sacrifícios a quatro formas fundamentais: *òla, hattât, shelamin* e *minkhâ*.
d) A princípio, não existe o sacrifício no Antigo Testamento.

3. Quail foi o primeiro indício da celebração da Eucaristia?
a) A comunidade dos apóstolos se reunia para dialogar sobre os sacramentos numa sala em obediência à ordem de Jesus.
b) A comunidade cristã se reunia, sobretudo aos domingos, para celebrar o que chamava de *fração do pão* ou *ceia do Senhor* em obediência à ordem de Jesus.
c) A comunidade cristã se reunia durante a semana para celebrar a Páscoa de Jesus e visitava as famílias da comunidade.
d) A comunidade cristã se reunia para celebrar o que chamava de *fração do pão* e depois festejava conforme o calendário da época.

4. O relato mais antigo da Eucaristia foi apresentado por Paulo, na Primeira Carta aos Coríntios (1Cor 11,23-25). Leia com atenção as afirmações a seguir a respeito do que Paulo narra:
I. "Na noite em que foi entregue, o Senhor Jesus tomou o pão, e depois de dar graças, partiu-o e disse: 'Isto é meu corpo que é para vocês, façam isto em memória de mim [...]'".
II. "Após a Ceia, Jesus tomou o cálice, dizendo: 'Tomem este cálice e vão embora e bebam com seus familiares em casa'".
III. "Na noite em que foi entregue, o Senhor Jesus tomou o pão e depois partiu-o e comeu sozinho".
IV. "Após a Ceia, tomou também o cálice, dizendo: 'Este cálice é a Nova Aliança no meu sangue; todas as vezes que vocês beberem dele, façam isso em memória de mim'".

Está(ão) correta(s) apenas a(s) afirmativa(s):
a) I.
b) III e IV.
c) IV.
d) I e IV.

5. Para se qualificar algo como um sacramento, existem critérios que precisam ser observados. É correto dizer que esses critérios são:
   a) ser somente um sinal externo; produzir desgraça; e deve ser instituído por Jesus Cristo.
   b) ser um sinal sensível e perceptível da graça santificadora; deve produzir graça; e ser instituído somente por Deus.
   c) ser um sinal sensível e perceptível da graça santificadora; deve produzir graça; e ser instituído por Jesus Cristo.
   d) ser sinal interno e externo; não produzir nenhuma graça; e ser instituído por Jesus Cristo.

Atividades de aprendizagem

Questões para reflexão

1. Como você analisa a presença dos sacramentos no Antigo Testamento?

2. Quais são os fundamentos para os sacramentos na Bíblia? Apresente-os com clareza com base na leitura do texto do capítulo.

3. Apresentamos quatro relatos da Eucaristia no Novo Testamento. Como você compreende esses relatos e pode aplicá-los em sua vida?

Atividades aplicadas: prática

1. Faça uma leitura do relato de Lucas (22,15-20). Em seguida, escreva um texto em que exemplifique de que formas esse relato influenciou os católicos na compreensão da vida.

2. Relate os possíveis fundamentos para os sacramentos na Bíblia com base na leitura deste capítulo.

3. A Eucaristia é uma partilha do Corpo e do Sangue de Jesus entre os fieis. Como maneira de exercitar a Eucaristia, faça um gesto concreto de partilha para com os necessitados em seu bairro.

3
Cristo, sacramento do encontro com Deus[1]

---

[1] Todas as passagens bíblicas indicadas neste capítulo são citações de Bíblia (2002).

Neste capítulo apresentamos Jesus como personagem-chave da mediação entre Deus e os seres humanos. Ele foi enviado por Deus para se comunicar com a humanidade. Na tradição cristã, toda a dinâmica do encontro da humanidade com Deus acontece na pessoa de Jesus. Pretendemos, em um primeiro momento, abordar o processo da iniciação de Jesus e de Seu encontro com o Mistério, o Deus, no deserto; em seguida, resgatamos as diversas imagens de Jesus encontradas na Bíblia para fundamentar a afirmação de que ele era o sacramento original de Deus.

A busca pelo divino é um fenômeno que existe desde tempos imemoriais. Na vida, quanto mais nos deixamos abertos para vivenciar experiências sagradas, tanto mais elas manifestam sua sacramentalidade, isto é, tornam-se significativas e únicas para nós (Trevizan, 2018). Podemos dizer que são os elementos éticos ou os sacramentos humanos que se tornam o fio condutor para a vida. Existem também os elementos divinos que nascem de uma experiência profunda de Deus, uma experiência que atinge as raízes de nossa existência, que são denominados *sacramentos divinos*. Essa noção nos leva a perceber que o ser humano não é apenas mais uma das criaturas divinas, mas o maior sacramento de Deus, de Sua inteligência, de Seu amor e de Seu mistério (Trevizan, 2018).

Conforme Trevizan (2018), os sacramentos não são simplesmente sinais que recordam o que Deus fez no passado em favor do homem; são, na realidade, intervenções pessoais e atuais de Deus em nossa existência. Jesus de Nazaré é o sacramento vivo de Deus. Neste capítulo, nosso objetivo é explicitar como Cristo se torna o sacramento do encontro com Deus e como chegamos a essa compreensão.

3.1 Dinâmica do encontro com Deus

A princípio, toda a teologia sacramental cristã se fundamenta na pessoa de Jesus Cristo. De modo geral, os humanos veem Deus como um mistério absoluto e radical que se anuncia em tudo, em tudo penetra e em tudo resplandece. "Se Ele é o único Absoluto, então tudo o que existe é revelação dEle" (Trevizan, 2018). Um dos santos da Igreja Católica a perceber isso foi São Francisco de Assis, reconhecendo na natureza a revelação divina, chamando os elementos dela como "irmãos": "irmão sol, irmã lua". Àquele que vê Deus dessa maneira, o mundo fala de Deus, de Sua beleza, de Sua bondade e do Seu mistério (Trevizan, 2018).

> A transparência do mundo para Deus é a categoria que nos permite entender a estrutura e o pensar sacramental. Isto significa que Deus nunca é atingido diretamente nele mesmo, mas sempre junto com o mundo e com as coisas do mundo que são diáfanas e transparentes para Ele. (Trevizan, 2018)

Trevizan (2018) acrescenta que os sacramentos apresentam duas funções:

1. Indicadora: "o objeto sacramental indica e aponta para Deus presente dentro dele".
2. Reveladora: "o Sacramento revela, comunica e expressa Deus presente nele".

Nessa segunda função, o Deus invisível e inarrável, por meio do sacramento, torna-se visível, perceptível pelos sentidos. Assim,

> O homem de fé é convidado a mergulhar na luz divina, que resplandece no mundo. O sacramento não tira o homem de seu mundo, mas dirige-lhe um apelo, para que olhe com mais profundidade, para dentro do coração do mundo. [...]. A vocação essencial do homem terrestre consiste em tornar-se um homem sacramental. (Trevizan, 2018)

Nessa perspectiva, encontra-se o papel de Jesus, como Ele capta o mistério de Deus, chamando-o Abba-Pai, e se faz sacramento do encontro com Deus. Jesus passa pelo processo de preparação como qualquer ser humano para perceber e reconhecer a grandeza divina, entrando em estado de autocomunicação e de comunicação com Deus, na experiência do deserto, que denominamos *processo de iniciação*.

3.1.1 Iniciação de Jesus ao mistério de Deus

Os sacramentos estão fundamentados nos gestos simbólicos de Jesus, testemunhados biblicamente. Neles, tem continuidade o agir salvífico simbólico e corporal de Jesus. Como apresentamos no primeiro capítulo, a dimensão dos ritos de passagem e a iniciação de Jesus ao mistério acontecem na experiência do deserto. Logo após o Batismo, Ele se dirige para lá a fim de confirmar Sua missão e é testado e tentado pelo próprio demônio, como diz a Sagrada Escritura (Mc 1,12-13). Na tentativa de descobrir a dimensão do sagrado, antropólogos apontaram que existem certos lugares propícios para elaborar o encontro com o mistério. Alguns vão à montanha; outros, à beira do rio; outros, à floresta; Jesus vai ao deserto, conforme a geografia da região do Oriente Médio. As espiritualidades nascem em certos lugares específicos[2], como afirma Bonder (2008, p. 33): "Todas as regiões do mundo com movimentos tectônicos são regiões de alta espiritualidade: o Oriente Médio, a Califórnia, os Andes, o México, o Himalaia. As áreas geologicamente instáveis ativam no ser humano a necessidade espiritual". A escolha do deserto traz uma nova dimensão da iniciação de Jesus ao mistério de Deus. Em primeiro lugar, analisemos o significado do deserto na seção que segue.

3.1.2 O deserto, lugar do encontro com o mistério

Conforme as regiões geográficas, o ser humano utilizou a própria dinâmica de afastar-se do mundo cotidiano para fazer a experiência do

---

2 É interessante notar que um bom conteúdo religioso atual veio do Oriente Médio, uma região de encontro com três continentes. A história nos apresenta que é uma região de muitos conflitos. Ali nasceu a espiritualidade abraâmica das três tradições: judaísmo, cristianismo e islamismo. Para mais informaçãoes a respeito desse tema, sugerimos a leitura de Bonder (2008).

mistério de Deus ou de confrontar-se consigo mesmo. De acordo com Andrade (2010, p. 26), "A fé em Deus se enraíza, mais fácil e profundamente, no deserto"; isso porque,

> no deserto, não existe obra humana ou natural que prenda a atenção, o pensamento ou o desejo dos homens. Nada pode distrair o homem da contemplação e da eternidade. O homem está permanentemente em contato com o infinito, que começa a seus pés. Quando o homem encontra Deus no deserto, fica-lhe fiel. (Gheorghiu, 2003, p. 18)

Vale lembrar que João Batista aparece como a voz daquele que clama no deserto e que o próprio Jesus se retira ali, por 40 dias e 40 noites. Seja esse um número simbólico, seja real, reforça a importância do deserto como lugar de escuta e discernimento no que diz respeito à vontade de Deus. Além disso, antes de iniciar Sua vida pública e no decorrer dela, Jesus retira-se, com frequência, à montanha ou a "um lugar à parte", onde se isola com o Pai. Momentos de uma intensidade extrema, que poderiam durar toda a noite. Dessa intimidade, nasce a designação insólita de Deus como *Abba*, palavra extraída do ambiente familiar íntimo e caloroso para referir-se ao Pai.

Ao lermos os Evangelhos, podemos perceber que são bastante recorrentes as cenas em que Jesus se retira para um local de isolamento a fim de orar, meditar ou contemplar. Conforme comenta Gonçalves (2015),

> o deserto representa o lugar privilegiado da teofania, que significa manifestação do mistério divino, o qual, nem por isso deixa de permanecer sempre oculto. Lugar por excelência do encontro com Deus. [...]
>
> No isolamento ríspido da montanha e na solidão árida do deserto não há muito para ver e admirar. A vastidão infecunda e ascética se estende a perder de vista. Em lugar de oscilar distraidamente de um objeto a outro, o olhar tende a uma dupla conversão: concentra-se

e volta-se sobre si mesmo. O que, em última instância, significa focalizar a atenção na presença invisível de Deus. A vastidão silenciosa da pedra e da areia estéreis chama e se funde a outra vastidão, infinita e também silenciosa. Mas, neste último caso, o silêncio encontra-se povoado e melodioso, com uma voz ao mesmo tempo inaudível e inconfundível.

O simbolismo do deserto nada mais é do que afastar-se da realidade cotidiana para tomar uma decisão importante, que tem forte influência na sociedade e também no próprio indivíduo que vive a experiência. Turner (1974), citando Arnold van Gennep, chamou esse afastamento de *limen* ou *margem*, pois esta é necessária para ver as coisas, as pessoas, as realidades como elas são, não como gostaríamos que fossem. É um ritual transitante, que não apresenta nenhum atributo do passado e do futuro; as entidades liminares não se situam "nem aqui nem lá", estão no meio, entre as posições atribuídas e ordenadas pela lei, pelos costumes, pelas convenções e pelo cerimonial.

Nesse deserto, Jesus faz Sua iniciação ao mistério; podemos dizer, um encontro profundo com Deus. Nesse lugar, Deus marcou Seu encontro na pessoa de Jesus; com Ele e com todas as coisas. Por isso, as coisas deste mundo também são, em potência, sacramentais (Trevizan, 2018).

3.2 Jesus Cristo, mistério de Deus

Deus, o mistério absoluto, comunica-se, em Sua Palavra, em Sua sabedoria e em Seu Espírito; assim, a Palavra de Deus chega ao coração das pessoas. O mistério salvífico de Deus se revela no fato histórico da Encarnação: "Deus não poupou o seu próprio Filho, mas o entregou por todos nós" (Rm 8,32). E o Filho, em Seu amor e na força da obediência total ao Pai (Jo 5,19), pôde, de tal modo, esvaziar-se de sua glória divina. Assumindo a existência de pecado (nosso pecado), entregou-se à mais extrema humilhação, sofrendo uma morte vergonhosa, destinada a ladrões e pessoas perigosas para a sociedade da época.

Somente pela forma como aconteceu o fim da existência humana do Filho de Deus é possível calcular qual era o mistério que operava em Deus no início, no momento em que o Filho era enviado para a história, a fim de assumir, pessoal e definitivamente, Seu ser homem. A Encarnação de Cristo, o mistério de Sua entrada na existência humana, constitui o início do Seu rebaixamento e humilhação para nossa salvação.

> Jesus de Nazaré, em sua vida, em seus gestos de bondade, em sua morte corajosa e em sua ressurreição é chamado o Sacramento por excelência. Cristo é o lugar do encontro por excelência: n'Ele Deus está de forma humana e o homem de forma divina. A fé sempre viu e acreditou que em Jesus de Nazaré morto e ressuscitado Deus e o homem se encontram numa unidade profunda, sem divisão e sem confusão. (Trevizan, 2018)

Pela Encarnação, o mistério insondável de Deus manifestou-se de maneira visível em Jesus. Deus é amor insondável, perdão, acolhida, respeito, carinho, preocupação pelos seres humanos. Esse Deus invisível manifesta-se, sacramentaliza-se em Jesus e nEle "habita corporalmente toda a plenitude da Divindade" (Cl 2,9) ao "manifestarem-se a bondade de Deus, nosso Salvador, e seu amor pelos homens" (Tt 3,4). Braga (2008, p. 32, grifo do original) assinala que, pela Encarnação, o Filho de Deus assumiu verdadeiramente a condição humana, tornando-se "o **sacramento original**, o sinal realizador, o símbolo real por excelência, a corporificação de Deus". A Encarnação é o máximo grau de união entre divino e humano; o sacrifício de Cristo é que torna possível ao homem participar dessa união, passando a ser também filho do Criador.

Diz o Catecismo da Igreja Católica (CIC, n. 1115) que

> as palavras e as ações de Jesus durante a sua vida oculta e o seu ministério público já eram salvíficas. Antecipavam o poder do seu mistério pascal. Anunciavam e preparavam o que Ele ia dar à Igreja, quando tudo estivesse cumprido. Os mistérios da vida de Cristo são os fundamentos do que, de ora em diante, pelos ministros da sua Igreja, Cristo dispensa nos sacramentos, porque o que no nosso Salvador era visível, passou para os seus mistérios. (CNBB, 1993, p. 274)

3.3 Jesus Cristo, Palavra de Deus

O Deus de Israel se faz presente em meio a Seu povo em Sua palavra, em Sua sabedoria e em Seu espírito. Palavra, sabedoria e espírito são meios de revelação pelos quais Deus se manifesta a seu povo e se torna experimentável. Esses três meios refletem a experiência de um presente de Deus no qual o próprio Criador comunica Sua presença dinâmica e põe os homens em movimento em direção a Ele.

Os cristãos creem em Deus, e este, ao assumir a natureza humana, utiliza o que de mais característico há no homem: a comunicação verbal (a palavra) e a não verbal (sinais e gestos). A própria Palavra é sempre para os ouvintes palavra humana, escrita e proclamada por homens. Mas em Jesus Cristo a comunicação de Deus atinge seu ápice na "Palavra que se fez carne e pôs sua tenda entre nós" (Jo 1,14). Ele é Palavra de Deus pronunciada em plenitude e, ao mesmo tempo, a grande intervenção de Deus na história da humanidade. Jesus é a Palavra definitiva e o acontecimento decisivo; é a expressão final do que Deus queria dizer e a realização daquilo que desejava fazer. O centro e a plenitude de toda a Escritura e de toda celebração litúrgica é Cristo. Ele é a força e a sabedoria de Deus.

Como afirma o Catecismo da Igreja Católica (CIC, n. 65):

> "Muitas vezes e de modos diversos falou Deus, outrora, aos pais pelos profetas; agora, nestes dias que são os últimos, falou-nos por meio do Filho" (Hb 1,1-2). Cristo, o Filho de Deus feito homem, é a Palavra única, perfeita e insuperável do Pai. Nele o Pai disse tudo, e não há outra palavra senão esta. São João da Cruz, depois de tantos outros, exprime isto de maneira luminosa, comentando Hb 1,1-2: Porque em dar-nos, como nos deu, seu Filho, que é sua Palavra única (e outra não há), tudo nos falou de uma só vez nessa única Palavra, e nada mais tem a falar, [...] pois o que antes falava por partes aos profetas agora nos revelou inteiramente, dando-nos o Tudo que é seu Filho. (CNBB, 1993, p. 32)

É por meio da Palavra de Deus, registrada nas palavras da Escritura, inspirada e transmitida pela tradição viva da Igreja, que o Criador vem ao encontro do ser humano. A Palavra é o lugar e o instrumento por meio dos quais Cristo, sacramento original, convoca o novo povo de Deus para a fé, a esperança e o amor. A Palavra de Deus é o próprio Pai, que, pelo sinal da Sua Palavra, vem ao encontro do ser humano, já identificado com Cristo, e o convida para a íntima união com Ele.

A presença de Cristo por meio da Palavra é simbólico-sacramental. Quando Deus comunica Sua Palavra, e Cristo anuncia o Evangelho, a dimensão da comunicação atinge o patamar elevado por parte de Deus e espera uma resposta por parte do humano que consiste em escutar e adorar "em Espírito e verdade" (Jo 4,23).

O desígnio salvador, que a Palavra de Deus não deixa de recordar e prolongar, alcança seu significado mais pleno na ação da morte e ressurreição de Jesus. A Palavra não apenas fala de Deus, mas é o próprio Deus atuante na história.

3.4 Jesus Cristo, cumprimento da promessa de Deus

A profecia bíblica é a chave para se entender a vinda do Messias esperado por tantas gerações – porque a maior parte das profecias registradas na Bíblia já se cumpriram. Portanto, fica muito simples identificar as profecias, que são fatores determinantes para compreender o messianismo. Dois importantes assuntos da profecia aparecem consistentemente ao longo das Escrituras:

1. Israel como escolha feita por Deus.
2. A vinda do Messias para Israel, por meio da descendência de Davi, e para o mundo, como Salvador de toda a humanidade.

É ao redor desses dois temas centrais que quase todas as demais profecias se desenrolam e encontram o seu significado. A profecia desempenha, então, um papel vital ao revelar o propósito de Deus para a humanidade. Ela também fornece uma prova simples na identificação do verdadeiro Messias de Deus, que é o Cristo. Séculos antes de sua vinda, os profetas hebreus estabeleceram critérios específicos que deveriam ser preenchidos pelo Messias. O cumprimento dessas profecias, nos mínimos detalhes da vida, morte e ressurreição de Jesus de Nazaré, demonstra, indiscutivelmente, ser Ele o prometido por Deus, o verdadeiro e único Salvador.

Israel, povo de Deus, já é sacramento pelo fato de ser um povo escolhido pelo Pai para um propósito específico: povo entre os povos, luz para as nações, rosto visível de um Deus invisível, na medida em que espera por um Messias Salvador. Esse é o sacramento do encontro com Deus, segundo a expressão de Schillebeeckx (citado por Augé, 2007), porque, para os contemporâneos de Jesus, o encontro com Ele era um convite ao encontro pessoal com o Deus vivo, pois aquele homem era pessoalmente o Filho de Deus – e isso havia que se descobrir na fé.

Na época de Jesus, todos os judeus esperavam o cumprimento da promessa de Deus. A Revelação consiste em um evento ocorrido na história, mas que só poderá ser plenamente manifestado e compreendido quando essa história estiver terminada. Dessa forma, o que dá à ressurreição de Cristo o caráter de unicidade e decisão é que ela é a antecipação do acontecimento do fim, a revelação definitiva de Deus.

Segundo J. Moltmann (2005, p. 85), "a ressurreição de Cristo cumpre, de modo antecipado, a promessa de Deus, sem esgotá-la, e nos projeta para um futuro". Ela não encerra a profecia ao cumpri-la, mas a abre, pois reforça a promessa, confirmando-a. A segunda vinda de Cristo não será apenas um desvendar do que já aconteceu de modo oculto, mas o cumprimento final da promessa.

Conforme o entendimento da tradição cristã, no Antigo Testamento os sacramentos não podiam ser ainda perfeitos porque faltava a graça especial da reconciliação com Deus, que Cristo obtém para nós por meio de sua morte na cruz e e de sua ressurreição. O Novo Testamento, porém, é a realização daquilo que, no Antigo Testamento, por ser apenas promessa e profecia, não tinha consistência real. O Novo Testamento se identifica com Cristo, ao passo que Cristo é a realização da salvação anunciada no Antigo Testamento.

Assim, de acordo com Pitz (2018), Cristo é um sinal por excelência, o qual aponta para uma realidade sobrenatural. Cristo, por sua Encarnação, é, ao mesmo tempo, sinal e realidade do amor e da salvação que vem do Pai. Como refere o autor, também os atos, os gestos, os milagres de Jesus apontam para o Reino de Deus e para a Nova Aliança. Assim, as palavras e os atos de Cristo foram interpretados e revividos ao longo da história pela Igreja, por meio dos sete sacramentos, para se alcançar a salvação que Ele próprio instituiu.

3.5 Jesus Cristo, o sacramento original de Deus

Ao longo do Antigo Testamento notamos a importância da pessoa de Jesus, que se tornou intermediário entre o divino e o humano. "Assim, Jesus Cristo é o sacramento por excelência. O sinal material de uma realidade sobrenatural, que santifica o homem. Ele é a plena e definitiva autocomunicação de Deus ao homem. Nele se faz presente e se revela o desenho eterno do amor de Deus, que quer salvar os homens" (Pitz, 2018). Em Cristo, a palavra e o sacramento coincidem, pois Ele é a palavra que saiu do silencioso Pai; Ele é o sinal vivo da graça, por Sua natureza humana, plenamente verdadeira; Ele é a fonte da vida de onde jorra a dádiva de Deus para o coração humano. Então, aquilo no sacramento original é uma unidade perfeita, também não poderá ser separado da vida da Igreja. O anúncio da palavra de salvação e a celebração dos sacramentos da vida são dois elementos inseparáveis de um único processo de redenção, graças ao qual a vida humana se encontra com o Senhor Jesus, é identificada com Ele e tem acesso ao mistério da graça que liberta e salva.

Cristo entra na história humana como sinal e sacramento. Sua encarnação é o cumprimento da prometida presença histórica de Deus no meio do povo eleito. Em Jesus, a graça se tornou plenamente visível. Ele é a realização plena do *mysterion* escondido e revelado, o lugar mais importante da experiência e do encontro com Deus. Em Cristo, a comunhão de vida do homem com Deus chega a seu ponto culminante; e a manifestação de Deus como Salvador do homem torna-se central.

Em Cristo, tudo é sacramento de Deus: o corpo, as mãos, os gestos e as palavras de Jesus; Sua entrega à morte; os abraços que ofereceu às crianças; a bênção, o perdão, as curas e a acolhida que concedeu.

As atitudes e as ações de Jesus Cristo são consideradas não como meros exemplos a imitar, mas como manifestações de Deus ou como acontecimentos nos quais a ação divina está presente em Cristo.

Em nossa história atual, o mesmo Cristo, agora ressuscitado, vivo e vivificador, continua atuando em nós. Ele se aproxima de nós, faz-se presente entre nós de diferentes maneiras e de modo especial nos sacramentos, por meio dos quais, para cada um, em cada tempo, realiza a sua Páscoa. O Cristo está verdadeiramente presente nos sacramentos quando estes são recebidos com fé e com sentimento de comunhão com a Igreja. A graça é derramada pelos sacramentos porque é o próprio Jesus que neles está.

A presença de Cristo não depende da santidade do ministro ou de quem recebe o sacramento. Não depende, pois, dos méritos humanos, mas age *ex opere operato,* isto é, uma vez realizado o rito sacramental, colocados os sagrados símbolos, Jesus Cristo se torna presente. Não em virtude dos ritos por eles mesmos (o que seria uma magia), mas da promessa de Deus (Catequese Hoje, 2018).

A causa da graça não é o ser humano nem os símbolos por ele usados, mas unicamente Deus Pai e Jesus Cristo. À humanidade compete abrir-se à graça pela fé. Eis, portanto, a necessidade da fé para receber o sacramento. O homem coopera nos sacramentos e cabe a ele abrir-se em atitude de fé e não colocar obstáculo à ação de Deus em sua vida. A pastoral sacramental, portanto, deve levar as pessoas a uma autêntica conversão, isto é, a acolher na fé e em consciência a gratuidade do dom de Deus presente em cada sacramento (Catequese Hoje, 2018).

Por isso, todos os sacramentos procedem da Páscoa, do Cristo Ressuscitado: No **Batismo**, encontramo-nos submergidos na morte e ressurreição de Cristo; na **Crisma**, recebemos o dom do Espírito Santo; na **Eucaristia**, Jesus se torna nosso alimento, a própria Páscoa; na **Penitência**, sentimos a vitória na Cruz a partir do perdão; na **Unção** dos Enfermos, encontramos a unidade eclesial, por meio da qual somos fortalecidos em nossa debilidade; na **Ordem**, colocamo-nos à serviço da comunidade eclesial; e, por fim, no **Matrimônio**, vemos o pleno amor entre o casal refletindo o amor de Jesus à Igreja. Como registra o Catecismo da Igreja Católica (CIC, n. 66-67),

> a economia cristã, portanto, como aliança nova e definitiva, jamais passará, e já não há que esperar nenhuma nova revelação pública, antes da gloriosa manifestação de Nosso Senhor Jesus Cristo. Todavia, embora a Revelação esteja terminada, não está explicitada por completo; caberá à fé cristã captar, gradualmente, todo o seu alcance. Ao longo dos séculos, havia várias revelações, mas eram consideradas privadas, e algumas delas têm sido reconhecidas pela autoridade da Igreja. Elas não pertencem, contudo, ao depósito da fé. A função delas não é "melhorar" ou "completar" a Revelação definitiva de Cristo, mas ajudar a viver dela, com mais plenitude, em determinada época da história. Guiado pelo Magistério da Igreja, o senso dos fiéis sabe discernir e acolher o que nessas revelações constitui um apelo autêntico de Cristo, ou de seus santos à Igreja. (CNBB, 1993, p. 32)

Portanto, se atualmente alguém quisesse interrogar a Deus, pedindo-lhe alguma visão ou revelação, não só cairia numa insensatez, mas o ofenderia muito, por não dirigir os olhares unicamente para Cristo, sem querer nenhuma outra novidade (CNBB, 1993). Nesse sentido, o papel dos sacramentos é apoiar e celebrar a revelação definitiva que é Cristo, o sacramento de Deus. Braga (2008) e Trevizan (2018) explicam que a palavra *sacramento* foi usada de modo bastante restrito pela Igreja ao longo dos séculos. O termo era empregado apenas para designar algum dos sete sacramentos; no entanto, a realidade sacramental é muito mais ampla e reforça ou plenifica o valor dos sete sacramentos.

Os autores acrescentam que, nos primeiros séculos da Igreja, até o Concílio de Trento, o termo era empregado não apenas para designar os ritos sacramentais, mas também realidades sacras como o Cristo, a Páscoa, a Quaresma. Já o Concílio Vaticano II ampliou esse uso, estendendo seu emprego para além do seu sentido original, relacionado a Cristo. Atualmente, fundamentando-se nas fontes da Revelação e do Magistério da Igreja, a teologia reconhece a sacramentalidade de diferentes realidades, sem ignorar os méritos dos ritos sacramentais (Braga, 2008; Trevizan, 2018).

Síntese

Jesus é personagem-chave da mediação entre Deus e os seres humanos, pois Ele foi enviado pelo Criador para se comunicar com a humanidade. A partir de sua experiência no deserto e na vida pública, traça uma íntima relação com Deus, a quem chama de Pai. Para aquele que crê, o mundo inteiro pode converter-se em sacramento de Deus. Deus é mistério invisível e insondável, porém está na própria origem do mundo e da vida; por isso mesmo, é possível anunciar, sugerir e manifestar, por meio de acontecimentos e experiências, esse fenômeno do qual não se pode falar. A criação inteira pode se converter em sinal de Deus.

Assim, para os cristãos, há um homem único, verdadeiro sacramento de Deus, no qual o Pai se manifestou e revelou como a nenhum outro: Jesus Cristo. Estando Jesus presente, não nos faz falta nenhum sacramento, pois estar com Ele é estar com Deus. Jesus é o sacramento da intermediação entre nós e Deus, pois aquele que se coloca em contato com o Filho põe-se em contato com o Pai; aquele que escuta de Seus lábios o perdão é perdoado por Deus; aquele que recebe a cura de Jesus está curado por Deus. Os cristãos podem encontrar-se com o Deus invisível por meio da natureza humana de Jesus, que é o Seu grande sacramento.

Indicação cultural

A EUCARISTIA na vida da Igreja. Brasil: Verbo Filmes. 82 min. 1 DVD.

Esse vídeo proporciona uma atualização da leitura teológica e espiritual da Eucaristia e provoca uma renovação da maneira de celebrar e de viver esse sacramento central da nossa fé.

O documentário está organizado em quatro blocos: a) A Eucaristia no primeiro e segundo milênio (Frei Ariovaldo da Silva, O.F.M.); b) A Eucaristia como sacramento pascal (Ir. Ione Buyst, O.S.B.); c) A Eucaristia como sacramento da unidade (Pe. Francisco Taborda, S.J.); e d) A Eucaristia como sacramento da nova e eterna aliança (Ir. Ione Buyst, O.S.B.). Ao final de cada bloco, são sugeridas perguntas para reflexão e trabalho em grupos.

Atividades de autoavaliação

1. Jesus é reconhecido por títulos diferentes quando é referido como sacramento de Deus. É correto dizer que esses títulos são:
   a) Mistério de Deus, Palavra de Deus, cumprimento da promessa de Deus e sacramento original de Deus.
   b) Cumprimento da promessa de Deus e sacramento original de Deus.
   c) Mistério de Deus e sacramento original de Deus.
   d) Mistério e Palavra de Deus.

2. Enquanto se fala de Jesus Cristo como cumprimento da promessa, dois elementos do Antigo Testamento devem ser lembrados, são eles:
   a) Israel como escolha feita por Deus; e o Messias, que vem por meio da descendência de Davi para Israel e para o mundo como Salvador de toda a humanidade.

b) Israel como escolha do Messias; e o Salvador do povo eleito.
c) Israel foi que escolheu Deus; e o Messias é uma utopia, construída por parte de Israel como salvador.
d) Israel como escolha feita por Deus; e o Messias que vem para o mundo, por meio de descendência de Davi, mas como Salvador apenas do povo escolhido.

3. Em Sua experiência no deserto, Jesus:
   I. fez Sua iniciação ao mistério.
   II. fez diversos milagres.
   III. compreendeu o mistério de Deus.
   IV. teve um encontro profundo com Deus.

   É correto o que se diz apenas em:
   a) I e II.
   b) I e III.
   c) II e III.
   d) I e IV.

4. Todos os sacramentos procedem da Páscoa, do Cristo Ressuscitado. Portanto, é correto dizer que:
   a) No Batismo, nos submergimos em sua morte e ressurreição, e na Confirmação recebemos o seu melhor dom: o Espírito Santo.
   b) No Batismo, nos submergimos em sua morte e ressurreição, e na Unção dos Enfermos recebemos o seu melhor dom: o Espírito Santo.
   c) Na Eucaristia, nos submergimos em sua morte e ressurreição, mas no Batismo nada acontece conosco.
   d) No Batismo, nos submergimos para a Ordem, e na Confirmação voltamos para o Batismo.

5. Analise as afirmações a seguir e marque V para verdadeiro e F para falso.

( ) Na Penitência, somos agraciados pelo perdão, tornando-nos partícipes da vitória de Cristo na Cruz sobre o mal e o pecado.

( ) Na Unção dos Enfermos, nos aproximamos da unidade eclesial com a nossa dor para morrer.

( ) Na Ordem, por meio dos ministérios ordenados, representamos Deus no bem e no serviço para toda a comunidade eclesial.

( ) No Matrimônio, não se encontra o sentido pleno do amor entre homem e mulher.

Assinale a alternativa que apresenta a sequência correta.

a) V, F, V, F.
b) V, V, F, V.
c) F, F, V, V.
d) F, V, V, F.

Atividades de aprendizagem

Questões para reflexão

1. Com base na leitura deste capítulo, explique como é possível perceber o Cristo como sacramento.

2. Por que Cristo deve ser visto como sacramento de Deus?

3. Descreva a imagem do deserto em que Cristo escolheu para dialogar com Deus. O que ele fez no deserto?

Atividades aplicadas: prática

1. Organize um encontro com quatro ou cinco estudantes da mesma turma. Escreva num papel a frase "Jesus Cristo, o sacramento de Deus". Depois, pergunte a cada um o que eles entendem por essa frase e verifique a repercussão de Jesus nos dias de hoje. As respostas poderão ser lidas dando início a uma reflexão coletiva.

2. Com base na leitura deste capítulo, elabore um pequeno artigo em que disserte sobre a pessoa de Jesus.

   Conteúdos importantes:

   - Jesus Cristo, o mistério de Deus
   - Jesus Cristo, a palavra de Deus
   - Jesus Cristo, o cumprimento da promessa de Deus
   - Jesus Cristo, o sacramento original de Deus

   Depois, elabore um plano de ensino, aplique-o com sua turma e reúna-se com um grupo para verificar os resultados alcançados.

4 A teologia dos sacramentos e sua relação com a teologia dogmática[1]

---
[1] Todas as passagens bíblicas indicadas neste capítulo são citações de Bíblia (2002).

Os dogmas da Igreja sustentam a prática e a elaboração dos conteúdos dos sacramentos. Portanto, em um primeiro momento, apresentamos os conceitos de teologia, de dogmas e de teologia dogmática e, logo em seguida, elaboramos o desenvolvimento histórico dos sacramentos na Igreja, apontando a tríplice abordagem: bíblica, histórica e sistemática. Por fim, ilustramos o sentido dos sacramentos na tradição cristã, apresentando suas especificidades.

Sacramentos são as manifestações da vida da Igreja, por isso devem estar em sintonia com a teologia dogmática, especialmente com a eclesiologia. Fala-se de três manifestações básicas: *martyria, leitourgia* e *diakonia* (martírio, liturgia e serviço). Os sacramentos, a princípio, são parte da liturgia e, com o Concílio Vaticano II e sua constituição *Sacrosanctum Concilium*, foram revalorizados[2]. Nesse documento eclesial, em seu parágrafo 59, foi dado destaque para a finalidade essencial deles, desvalorizada ao longo dos anos da história da Igreja:

> Os sacramentos estão ordenados à santificação dos homens, à edificação do Corpo de Cristo e, enfim, a prestar culto a Deus; como sinais, têm também a função de instruir. Não só supõem a fé, mas também a alimentam, fortificam e exprimem por meio de palavras e coisas, razão pela qual se chamam sacramentos da fé. Conferem a graça, a cuja frutuosa recepção a celebração dos mesmos otimamente dispõe os fiéis, bem como a honrar a Deus do modo devido e a praticar a caridade.
>
> Por este motivo, interessa muito que os fiéis compreendam facilmente os sinais sacramentais e recebam com a maior frequência possível os sacramentos que foram instituídos para alimentar a vida cristã. (Paulo VI, 1963)

4.1 O que é teologia dogmática?

Para explicarmos o que é a teologia dogmática, entendemos ser necessário esclarecer o que é teologia: "ciência que estuda a natureza de Deus, a obra da criação e seu relacionamento com sua origem transcendente. Coadjuvada pela graça, sob a luz da razão, a teologia estuda os dados

---

[2] O Concílio Vaticano II permitiu a realização dos sacramentos conforme a cultura e a região. Existe nesse compêndio uma constituição que trata somente dos sacramentos e suas celebrações.

positivamente presentes na doutrina sobrenatural revelada" (O que é teologia..., 2015).

Especificando esse entendimento, podemos afirmar que a teologia dogmática é a parte da teologia que se dedica a estudar as doutrinas, os **dogmas**, isto é, as verdades de fé reveladas por Deus e de crença obrigatória para os fiéis (O que é teologia..., 2015).

O trabalho principal da teologia dogmática é tratar sistematicamente das verdades fundamentais da Revelação divina e da forma como o Sagrado Magistério elaborou seu ensinamento em relação a elas. O caminho que se trilha para se conhecerem os dogmas da Igreja é estudar os documentos dos concílios ecumênicos, principalmente os do Concílio de Trento, com seus diversos cânones dogmáticos, na forma de anátema. Esses dogmas dizem respeito a Deus, à lei moral, ao Nosso Senhor Jesus Cristo e às leis evangélicas, à Maria Santíssima, à Igreja, aos sacramentos, ao homem, ao destino do mundo, à parusia e ao Juízo Final, entre outros temas teológicos da mais alta importância.

Portanto, conforme a Igreja define, a teologia dogmática

> é a parte da Teologia católica que trata, sistematicamente, do conjunto das verdades reveladas por Deus (compiladas e reunidas na chamada Tradição, que inclui a Bíblia), e como tal, propostas pelo Magistério da Igreja Católica, isto é, sobre o dogma e as verdades fundamentais a ele vinculadas, às quais se deve, em primeiro lugar, o assentimento da fé. Esta teologia trata também da forma como o Magistério elaborou o seu ensinamento, em relação a essas verdades definitivas, irrefutáveis e imutáveis, podendo porém a sua compreensão se evoluir, à luz do estudo rigoroso por este ramo da teologia. (Wiedenhofer, 2000, p. 96)

4.1.1 Os dogmas da Igreja e os sacramentos

O termo *dogma* tem origem no grego e significa "opinião, decisão". No Novo Testamento, esse é o sentido atribuído ao vocábulo (At 15,28). Já entre os Santos Padres, a palavra tinha como referente "o conjunto dos ensinamentos e das normas de Jesus e também uma decisão da Igreja" (Os dogmas..., 2018). Na atualidade, o dogma é uma doutrina de caráter definitivo para a Igreja.

Dogmas são verdades que Deus revelou e que a Igreja confirma como reveladas, obrigando-nos a crer nelas, porque Deus, por sua infinita bondade, aproxima-se de nós; assim, o dogma constitui a expressão verbal da Revelação. São verdades irrefutáveis, inquestionáveis, verdades de fé estabelecidas pela tradição. Podemos dizer, em outras palavras, que "Dogmas são verdades eternas que subsistem na mente divina e são reveladas aos homens, intrinsecamente, como definitivas. São, desse modo, fatos objetivos, proposições sobre a ordem natural, sobre a realidade sobrenatural e preceitos morais que constituem o corpo da doutrina revelada" (O que é teologia..., 2015).

Na Igreja, os dogmas são importantes porque ajudam os cristãos a se manterem fiéis na fé genuína do cristianismo. "Os dogmas são como placas que indicam o caminho de nossa fé. Foram criados para ajudar a gente a se manter no rumo do Santuário vivo, que é Jesus" (CNBB, 2000, p. 81).

Nas Sagradas Escrituras, encontramos os dogmas formais e explícitos – aqueles expressamente definidos – e os implícitos – aqueles que não estão plenamente estabelecidos, pois alguma parte de sua definição ainda não é completamente inteligível ao entendimento humano. Os dogmas implícitos requerem alguma elaboração filosófica por parte da Igreja, sob a iluminação da graça divina ou, podemos dizer, por meio da assistência do Espírito Santo. Em ambos os casos, são verdades reveladas por Deus, confirmadas pela Igreja, como eternas e imutáveis.

4.2 Desenvolvimento histórico dos sacramentos da Igreja

O vocábulo latino *sacramentum* origina-se da palavra grega *mysterion*, nos tempos das antigas traduções latinas da Bíblia. Ambos os termos têm uma longa história na tradição cristã, mas, ao longo dos anos, seus significados se modificaram radicalmente. O conceito de *sacramento* era inexistente nos tempos dos Padres do Deserto; ele veio a ser chamado como tal no período da Escolástica primitiva. A partir desse momento, surgiu a Doutrina Geral dos Sacramentos para apresentar o levantamento dos enunciados bíblicos e do desenvolvimento histórico.

4.2.1 Abordagem bíblica

Para compreender melhor a participação de Deus em meio à humanidade, é necessário trilhar o caminho bíblico, no qual o Criador é visto como mistério e pensa-se que Ele está distante, mas, na verdade, manifesta-se concretamente aos líderes do povo escolhido. Assim, ao longo da história bíblica, percebemos que Deus participa na história cotidiana do povo.

Termo *mysterion*

A abordagem bíblica, especificamente neotestamentária, do termo *mysterion* deve ser vista sob a perspectiva da cultura grega e sob a perspectiva apocalíptica. No grego, *mysterion* aponta, ao fechar dos olhos ou da boca, uma reação a uma experiência que foge do pensamento discursivo. A pessoa iniciada no culto não participa do evento sagrado de modo racional, mas atingida numa camada de experiências mais profundas;

por isso, o conteúdo do culto é o próprio evento do culto, que é chamado de *mysterion*. Aqui interessam dois aspectos que nos levam a perceber o mistério a partir de dois pontos de vista.

No ponto de vista grego, um dos mistérios centrais do culto é a ligação da vida com a morte (muitas vezes, a vida é conquistada por meio da passagem pela morte). Nesse caso, o mistério não é concedido por meio do ensinamento racional, mas pela experiência; eis por que somente a pessoa engajada no culto pode experimentá-lo.

Conforme a roupagem apocalíptica, por sua vez, fala-se de uma variedade de mistérios. Eles são a origem da realidade oculta e transcendente a tudo o que existe e acontece e, especialmente, são a origem daquilo que será revelado no fim dos tempos: o plano divino dos acontecimentos históricos futuros, revelados a determinados videntes em experiências extraordinárias, os quais, por sua vez, são capazes de transmitir somente por meio de figuras. Segundo essa visão é que deve ser entendida a palavra *mysterion* nas passagens do Novo Testamento. Assim, são chamados de *mistério* (Nocke, 2000): o poder escatológico da ilegalidade (2Ts 2,7); a transformação dos seres humanos por ocasião da parusia de Cristo (1Cor, 15,51); e a futura história de Israel (Rm 11,25s).

As características da linguagem do Novo Testamento são centradas no evento crístico, em que o mistério do Reino de Deus é confiado aos seres humanos. Eis o mistério em si, a saber, o Reino de Deus que irrompe na atuação de Jesus, pois o Reino pertence àqueles que seguem o Cristo. Paulo coloca o acento cristológico de modo ainda mais expressivo: ele não quer anunciar outra coisa senão a Jesus Cristo, o Crucificado, o que se tornou Senhor da glória, e o chama de "o mistério da sabedoria oculta de Deus" (1Cor 2,2.7.8). Assim, resulta uma linha de pensamentos: mistério de Deus, Jesus Cristo – esse mistério se torna presente na comunidade em que é anunciado. Essas referências são as mais importantes para a doutrina dos sacramentos, com o evento crístico e com o mistério de sua presença na Igreja.

Pensamento sacramental

O pensamento sacramental expressa a convicção de que a história de Deus com os homens acontece em eventos, atos e encontros historicamente constáveis. Esses eventos se tornam sinais da proximidade de Deus nos quais Ele se mostra aos homens e se aproxima deles, transformando-os. Podemos dizer que os sacramentos surgem como os grandes momentos de salvação da comunidade cristã visível, que, por sua vez, é formada pelos sacramentos, os quais atingem o cerne da salvação. Eles constituem, simultaneamente, as realizações *da* Igreja e *para* a Igreja e acontecem *como* Igreja, não apenas *na* Igreja.

A estrutura dupla do mostrar-se e doar-se, como afirma Nocke (2000, p. 174),

> determina o conceito da revelação como autocomunicação: Deus se doa a si mesmo – e mostra, desse modo, como ele é: Pensamento sacramental significa: Deus se comunica aos homens corporalmente, se torna experimentável corporalmente. [...] não se pode comprovar independente da fé; pois, da experiência sempre faz parte, não apenas o evento, mas também sua interpretação.

Devemos compreender o pensamento sacramental de maneira diferente das outras formas de pensar. Por exemplo, no pensamento místico, os eventos históricos não têm importância, porque o divino se dá a atender atemporalmente. No pensamento contemplativo, os encontros corporais não são importantes, porque a comunicação do divino acontece exclusivamente no interior do indivíduo. No pensamento sacramental, porém, Deus se comunica corporalmente, participando dos eventos da história[3].

---

3 Um dos antropólogos que desenvolveu os conceitos de *pensamento místico* e de *pensamento científico* foi Mircea Eliade. O primeiro nos leva a considerar o princípio como perfeito, enquanto o segundo considera o futuro como perfeito.

No Antigo Testamento, o sinal central é o Êxodo, uma decisiva experiência de Deus para Israel. Deus escolhe Israel, liberta, salva e se revela nesse evento como Iahweh Libertador, Salvador, Deus forte e confiável.

Toda a história de Israel tem caráter simbólico. Nos processos políticos de saída da escravidão, da instituição da lei, da tomada da terra e do retorno do exílio desenvolve-se uma história com o Deus que liberta, institui uma ordem de vida, dá a terra, perdoa e possibilita um recomeço. Até mesmo os acontecimentos desastrosos podem se tornar sinais da proximidade de Deus. "Também a deportação para o exílio revela o agir de Deus: ele julga o povo que se lhe tornou fiel, Ele o conduz de volta, e é justamente desse modo que lhe permanece fiel" (Nocke, 2000, p. 175). A princípio, toda a terra criada pode ser entendida como sinal de Deus, em especial o homem criado "à imagem de Deus". Na criação, Ele se revela e realiza sua benevolência.

Já no Novo Testamento, o sinal de Deus é Jesus Cristo. De suas palavras e obras se pode deduzir o que Deus faz no homem. Mediante os ditos e os feitos de Jesus, Deus se torna corpóreo e concreto e marca sua presença na humanidade. Nos sinais como cura, libertação e perdão empreendidos por Jesus realiza-se a presença de Deus: "Se pelo dedo de Deus expulso os demônios, certamente o reino de Deus já chegou a vós" (Jo 1,14).

Entre os discípulos da comunidade pós-pascal, os sinais continuam, pois o Livro dos Atos evidencia a inter-relação dessas coisas em "milagres e sinais". Deus aprovou Jesus (At 2,22), e agora acontecem "milagres e sinais" por intermédio dos apóstolos (At 5,12). Dessa forma, encontra-se uma relação semelhante à da palavra *mysterion* no Novo Testamento. Como afirma Nocke (2000, p. 177): "Assim como Jesus Cristo é o mistério de Deus por excelência, e assim como esse mistério se torna presente na comunidade, assim Jesus Cristo é o sinal realizador de Deus por excelência, e a comunidade se torna sinal, porque é na medida em que nela atua o Jesus ressurreto".

4.2.2 Abordagem histórico-dogmática

Ao longo dos séculos, fundem-se os conceitos *mysterion* e *sacramentum*, principalmente na teologia ocidental. Portanto, é necessário analisá-los para compreender a dimensão dogmática dos sacramentos no campo da história.

Mysterion

Os teólogos da Igreja empregam o termo *mysterion* em amplitude de significado, como se faz no Novo Testamento. Entretanto propõem outra associação: às doutrinas ocultas dos gnósticos e aos cultos pagãos, denominados *mistérios*. Os Padres do Deserto, especialmente os alexandrinos, como Clemente e Orígenes, entendem que os conteúdos da fé cristã são os verdadeiros mistérios. Clemente de Alexandria, por exemplo, denomina *mysterion* todo o conjunto das realidades salvíficas do cristianismo.

Nessa perspectiva, uma mudança essencial pode ser observada, no Novo Testamento, em dois pontos. Em primeiro lugar, Jesus era, até então, considerado o único mistério na perspectiva paulina; passaram a ser referidos mistérios, no plural. Em segundo lugar, os ofícios litúrgicos também vieram a ser chamados de *mistérios*.

Sacramentum

O significado básico do radical latino *sacr* designa a esfera do sagrado religioso; assim, *sacrare* corresponde a "destinar algo ou alguém à esfera do sagrado". De modo geral, entende-se o sacramento como *sacramentum*, que, literalmente, significa um juramento ou coisa sagrada (*sacrum*). Era usado em juramentos de bandeiras e eventos militares. A palavra *sacramentum*, portanto, surge, em primeiro lugar, de um vocabulário popular-militar-religioso como juramento, contrato, pacto ou caução. Na época dos Padres do Deserto, um culto cristão, na Igreja primitiva, era chamada de *sacramentum*, com o sentido de juramento sagrado. Portanto, *sacramentum* refere-se a "consagrar", envolvendo tanto o ato de consagração como também o meio consagrador.

Sacramentum como tradução de mysterion

As primeiras traduções latinas da Bíblia procedem de modo diverso com o termo grego *mysterion*. O ponto de partida dessa explicação é a história da salvação quando apresentada com acontecimentos salvíficos – *mysteria* – recapitulados nos sacramentos cristãos. Por isso, o Batismo e a Eucaristia são os primeiros e fundamentais *mysteria*. Por exemplo, o vocábulo *sacramentum* aplica-se diretamente ao Batismo. A comparação com o juramento à bandeira como rito de ingresso no serviço militar parece ser uma analogia adequada para o Batismo como iniciação ao cristianismo. Posteriormente, a Eucaristia também veio a ser chamada de *sacramento*.

No entanto, os Santos Padres, como Tertuliano, consideraram como *sacramentum* os planos salvíficos de Deus e os eventos da história, tanto do Antigo Testamento como do Novo Testamento, especialmente o nascimento, a morte e a ressurreição de Jesus, os artigos da doutrina de fé, os diversos ritos eclesiásticos e por fim toda a religião. Eles se detiveram na análise do que se passa no *mysterion* ou *sacramentum*, procurando salientar a realidade e a salvação que acontece quando a Igreja o realiza numa procura do conteúdo de fé e salvação.

Santo Agostinho usa as palavras *sacramentum* e *mysterion* como sinônimos. Para ele, esses conceitos remetem ao sentido mais amplo: "todo fato perceptível pelos sentidos, cujo significado não se esgota em ser aquilo que aparenta ser imediatamente, mas, que além disso, aponta para uma realidade espiritual" (Nocke, 2000, p. 179). O sacramento máximo, para o qual convergem todos os demais, é a Encarnação de Deus em Jesus Cristo, mas também *sacramentum* refere-se a Batismo e Eucaristia. Mais tarde, Ambrósio de Milão reserva o nome de *mysterion* ou *sacramentum* para os acontecimentos cultuais de maior importância e busca uma síntese desses acontecimentos (Nocke, 2000).

A linguagem sacramental sobre os conceitos de sinal e símbolo

Para que haja melhor compreensão sobre os conceitos *mysterion* e *sacramentum* nas celebrações, é necessário abordar os aspectos importantes que fazem parte delas. Estamos nos referindo aos sinais e aos símbolos.

Sinais

Os sinais sacramentais não representam uma linguagem religiosa particular, mas elementos fundamentais do mundo (água, pão, vinho e óleo, por exemplo) e gestos elementares do ser humano (imposição das mãos, unção, ceia e casamento, por exemplo) que se tornam sinais da salvação. Eles criam as relações mostrando os fatos e relembrando os acontecimentos. Dessa forma, a sacramentalidade se torna mais ampla; não se encontra mais restrita a sete sinais. Deve-se educar os cristãos para esse entendimento, apresentando-os a ritos que signifiquem e celebrem a irrupção da graça na vida da pessoa e da comunidade em todos os momentos.

A linguagem dos sacramentos não é usada apenas para descrever os fatos, mas também para apresentar a dimensão evocativa que envolve a pessoa com as coisas, com os gestos e com as palavras. Como afirma Boff (1975), é a possibilidade de entender a dinâmica envolvente entre a vida e os sacramentos. A linguagem dos sacramentos deve tocar a pessoa internamente, estabelecendo um encontro que modifica o ser humano e o leva a modificar também a práxis humana. Os sacramentos devem introduzir uma conversão. A linguagem dos sinais deve conter, mostrar, relembrar, visualizar e comunicar outra realidade diferente da matéria deles, mas que está ocultamente presente neles.

Símbolos

Apesar de ser difícil falar ou escrever sobre os símbolos, sabemos que os sacramentos podem ser descritos como as celebrações centrais da Igreja. Toda a celebração é carregada de símbolos. O termo *símbolo* é multivalente, pois remete a múltiplos significados. Eles se

> reúnem à atual despertada consciência da unidade do ser humano, o reconhecimento da corporalidade essencial de toda a comunicação inter-humana, bem como a experiência de que a realidade é multidimensional, que coisas visíveis à primeira vista apontam coisas profundas invisíveis, que o fundo se mostra nas coisas perceptíveis pelos sentidos como em figuras, inclusive comunicando-se a si mesmo em expressão corporal. (Nocke, 2000, p. 191)

Para a teologia dos sacramentos, os símbolos não são coisas, mas relações. Eles dependem de um processo de comunicação: da intenção e da intensidade de quem faz o gesto, do olhar de quem olha, recebe, interpreta, entra em sintonia e vivencia; dependem do contexto cultural e, no caso da liturgia, do contexto ritual. "Os gestos transmitidos pela tradição e anotados nos livros litúrgicos deverão ser criados e recriados, a cada celebração, pela atuação e participação dos ministros da assembleia" (Buyst, 1998, p. 5).

O símbolo pode ser entendido como um intermediário entre uma realidade presente e uma realidade mais ampla que não se limita ao empírico; assim, o símbolo estabelece relações entre essas realidades. Aquilo que é transcendente se presentifica no imanente ou, em outros termos, o que é divino se apresenta ao que é humano.

O símbolo, na teologia dos sacramentos, pode ser desenvolvido segundo um prisma antropológico, em que se encontra a estrutura corpo-espírito. O ser humano se realiza por meio da expressão corporal:

no riso, demonstra sua alegria; no choro, sua tristeza; no punho cerrado, sua raiva. Por meio de gestos corporais acontece a comunicação humana: na ida ao encontro do outro; no aperto de mão, no abraço e no beijo, acontece aproximação; no distanciamento físico, na negação do olhar, acontece rejeição. Nesse jogo de símbolos de aproximação e rejeição não ocorre somente o jogo de sinalizações e reconhecimentos, mas também as realizações e as experiências.

4.2.3 Reflexão sistemática

Os sacramentos tornam possível esse contato entre as realidades transcendente e imanente ou simplesmente entre o divino e o humano. Esse contato acontece em duas direções: (1) de Deus para as coisas e (2) das coisas para Deus. Independentemente da direção, o que eles transmitem é a graça, a qual é resposta à fé e a oração humana.

A fim de caracterizar esses fatos fundamentais para a compreensão do símbolo e dos sacramentos, distingue-se *símbolo real* de *símbolo representativo* – ou, em outras palavras, *sinal realizador* de *sinal meramente informativo*. Nesse sentido, sacramentos podem ser entendidos como símbolos reais, sinais realizadores. Por exemplo, num rito de iniciação, a Igreja exprime e realiza a admissão de novos membros, e esses candidatos, por sua vez, apresentam sua fé em Cristo e se filiam à comunidade dos crentes. A celebração eucarística representa – como também realiza, aprofunda e renova – a comunhão com Cristo e com os demais.

Os elementos litúrgicos também levaram a uma compreensão dos sacramentos, não somente a partir de uma reflexão sobre a importância dos sinais, mas também a partir de uma teologia da Palavra. Na teologia dogmática, a teologia da palavra se apoia amplamente no testemunho bíblico, pois sobre a natureza do sacramento, a Palavra de Deus é palavra criadora: com a Palavra do Sinai, Deus institui sua Aliança com Israel.

A palavra profética tem parte no poder transformador e criador da realidade da Palavra de Deus. Também a pregação do Evangelho é mais do que apenas trazer uma notícia. Assim como o mensageiro percorre as cidades e proclama um decreto imperial – o qual passa, assim, a vigorar –, também a palavra anunciada cria nova realidade.

Na Sagrada Escritura, a palavra e o sacramento devem ser vistos numa inter-relação muito estreita. Dessa maneira, percebe-se que "a teologia dos sacramentos pode basear-se tanto na palavra quanto no símbolo. Ambos os princípios são conciliáveis, sem contradições. Também o discurso realizador é símbolo real, sinal realizador" (Nocke, 2000, p. 195). Por isso, o sacramento pode ser discutido tanto como palavra visível quanto como evento figurativo evidenciado pela palavra. Justamente, na celebração do sacramento, símbolo e palavra se encontram, num relacionamento de ação que pode ser descrito como *atividade dramática*, a qual envolve os participantes.

Além disso, os sacramentos são celebrações da Igreja. Neles se encontra a comunidade, lugar onde os fieis se reúnem em nome de Cristo, como comunhão comemorativa presencial e comunhão de esperança antecipadora do futuro, como povo de Deus que anuncia o Evangelho e representa simbolicamente a nova vida. No entanto, a Igreja não celebra a si mesma, e sim à história à qual ela se deve e à esperança que a move.

A celebração se associa às diversas categorias do sacramento, como aponta Nocke (2000, p. 197-198):

> Sacramentos são atos da comunhão, portanto não cabe celebrar isoladamente uma única pessoa; quando se fala em comunhão, refere-se a mais de uma pessoa, portanto, as pessoas que participam se tornam sujeitos da celebração. A comunidade desenvolve papéis diferentes na celebração dos Sacramentos; toda a celebração vive de uma esperança; neste sentido, os Sacramentos tranquilizam as pessoas nos seus sofrimentos, alimentando-as na esperança; a celebração dos Sacramentos exige um compromisso sério para com

a comunidade e, ao mesmo tempo, a responsabilidade para com a própria pessoa; a celebração dos Sacramentos traz a dimensão holística da vida cristã onde se celebra, tanto o passado, como o presente e o futuro.

4.3 Sentido dos sacramentos na tradição cristã

Os sacramentos servem à edificação da Igreja, pois são sinais de fé que têm a capacidade de instruir o Povo de Deus. De tal modo, a Igreja celebra o mistério pascal de Cristo, instrumento da salvação.

Conforme Boff (1975, p. 12), "O sacramento é um jogo entre o ser humano, o mundo e Deus". Nesse jogo, o homem faz de um objeto um símbolo do Divino, e de uma ação, um rito. É assim que a Igreja comunica Deus aos fiéis, fazendo uso de símbolos e sinais.

No parágrafo 14 da constituição conciliar *Sacrosanctum Concilium*, está expressa a preocupação com a participação ativa dos fiéis na liturgia:

> É desejo ardente na mãe Igreja que todos os fiéis cheguem àquela plena, consciente e ativa participação nas celebrações litúrgicas que a própria natureza da Liturgia exige e que é, por força do Baptismo, um direito e um dever do povo cristão, «raça escolhida, sacerdócio real, nação santa, povo adquirido» (1 Ped. 2,9; cfr. 2,4-5).

> Na reforma e incremento da sagrada Liturgia, deve dar-se a maior atenção a esta plena e ativa participação de todo o povo porque ela é a primeira e necessária fonte onde os fiéis hão de beber o espírito genuinamente cristão. Esta é a razão que deve levar os pastores de almas a procurarem-na com o máximo empenho, através da devida educação. (Paulo VI, 1963)

"Os Sacramentos são os fundamentos de toda a vida; é a participação na natureza divina. A fé exige uma resposta, através da Igreja, que conduz a uma prática" (CIC, n. 1212). Os sacramentos são ações que compõem uma celebração e guardam um simbolismo. Dessas ações participa o povo de Deus em comunhão com o Deus Trino. Assim, é na Igreja e pela Igreja que os sacramentos se realizam[4].

4.4 A especificidade do sacramento

Depois de estabelecer uma relação entre o dogma e o sacramento, cabe esclarecermos, o que é propriamente o sacramento. Seu conceito, desenvolvido na Escolástica e em uso hoje, é uma abstração que envolve o mundo das relações, desde os tempos remotos até o mundo do futuro. Podemos dizer que é um entretecido de todo o universo de sinais, nos eventos da história participativa e salvífica de Deus com seu povo, que atinge seu auge na Encarnação do seu Filho e que, passando por Batismo, Eucaristia e uma variedade de manifestações religiosas, é estendido a todas as dimensões da sociedade. O que é mais importante compreender é a essência do sacramento. Para Nocke (2000, p. 202-203), "sacramentos são celebrações da comunhão eclesial. Orientadas na pregação de Jesus Cristo, nas quais é apresentada corporalmente a salvadora e transformadora dispensação de Deus, imitada em comunicativa atividade lúdica, em palavras e gestos, e desse modo recebida em fé".

No entanto, um olhar meticuloso para as outras celebrações eclesiásticas, como a do Lava-pés, remete ao universo dos símbolos, apontando

---

4 Em diversos parágrafos, o Catecismo da Igreja Católica trata os sacramentos abordando seus significados. Especialmente os parágrafos 1210 a 1666. Conferir esses parágrafos para maiores informações.

para um engajamento efetivo da Igreja. Portanto, sacramentos são aquelas celebrações da Igreja reconhecidas como suas manifestações litúrgicas centrais, com as quais se identifica oficialmente e em grau máximo e nas quais se engaja radicalmente com vistas a Jesus Cristo e ao Novo Testamento.

A sacramentalidade universal e salvífica da Igreja é transmitida em boa parte por meio da celebração dos sacramentos. Assim, foi concedida à Igreja uma grande competência no que diz respeito à decisão sobre o que deve ser considerado sacramento. É fácil encontrar esses sacramentos na compilação de todos os dogmas da Igreja Católica intitulada *Fundamentals Catholic Dogma* ("Fundamentos do dogma católico"), de Dr. Ludwig Ott (1955). Todos os fundamentos do dogma da Igreja são elaborados, em profundidade e com clareza, considerando que os sete sacramentos específicos devem ser entendidos como manifestações e execuções do sacramento fundamental da Igreja. A seguir, apresentamos os elementos dogmáticos fundantes dos sacramentos:

1. Os sacramentos da Nova Aliança contêm a graça que eles significam e a conferem àqueles que não a impedem.
2. Os sacramentos trabalham *ex opere operato*, isto é, operam pelo poder do rito sacramental completo.
3. Há sete sacramentos da Nova Lei, e todos eles conferem graça santificante aos receptores.
4. Os sacramentos do Batismo, da Confirmação e das Santas Ordens imprimem um caráter único, uma marca espiritual indelével e, por essa razão, não podem ser repetidos.
5. O caráter sacramental é uma marca espiritual impressa na alma e continua até a morte daquele que o carrega.
6. Todos os sacramentos da Nova Aliança foram instituídos por Jesus Cristo e são necessários para a salvação da humanidade.
7. A validade e a eficácia do sacramento independem da ortodoxia do ministro e do estado de graça.

8. Para a válida administração do sacramento, é necessário que o ministro realize o sinal sacramental de maneira correta.
9. O ministro deve ter, pelo menos, a intenção de fazer o que a Igreja faz.
10. No caso de receptores adultos, é necessário o merecimento moral para recepção frutífera dos sacramentos.

Dessa forma, os sacramentos são dons de Deus dados por seu Filho, Jesus Cristo, no Espírito Santo; e a Igreja, sinal visível na história, compromete-se a anunciar e a realizar as propostas dos Evangelhos para a construção do Reino.

Síntese

Os dogmas da Igreja sustentam a prática e a elaboração dos conteúdos dos sacramentos; portanto, é necessário estabelecer uma relação entre os sacramentos e a teologia dogmática.

Todos os sacramentos ritualísticos são sinais de compromisso com a Igreja, mediante o engajamento com as causas da liberdade, da dignidade humana e da salvação. Ao receber um sacramento, além de ser considerada parte de um grupo ou membro da Igreja universal, a pessoa se trona partícipe dos planos de Deus, convidada a viver o Reino e a proclamar sua fé.

Indicação cultural

VATICANO 1962 – a revolução na Igreja. Direção: René-Jean Bouyer, Eric Lebec e Christophe Talczewski. França: France 3; Ellipse Documentaires, 1996. 52 min.

Esse documentário aborda o Concílio Vaticano II e os principais elementos ali tratados, como a maneira encontrada pelos padres conciliares para desenvolver os aspectos importantes a respeito do posicionamento da Igreja no mundo moderno.

Depois de assistir ao vídeo, é importante notar a dinâmica pela qual a Igreja aplica seus dogmas e sacramentos na vida cotidiana do povo.

Atividades de autoavaliação

1. Sacramentos são as manifestações de vida da Igreja, por isso estão em sintonia com a teologia dogmática, especialmente com a eclesiologia, por meio de manifestações básicas, que são:
   a) martírio, liturgia e serviço.
   b) martírio, Eucaristia e Crisma.
   c) liturgia, serviço e Unção dos Enfermos.
   d) liturgia, Eucaristia, diaconia e Crisma.

2. Assinale a alternativa que expressa de forma correta a realidade do sacramento:
   a) São atos da comunhão, portanto não devemos celebrá-los em particular.
   b) Apontam para a busca solitária, portanto devem ser celebrados isoladamente.
   c) São atos da comunhão, portanto não cabe celebrá-los com um grupo fechado.
   d) São mistério de Deus, portanto nunca devem ser celebrados.

3. Sabemos que a teologia dogmática trata de alguns aspectos específicos. Sobre essa temática, considere as afirmações a seguir:
   I. A teologia dogmática trata sistematicamente das verdades fundamentais da Revelação divina.
   II. A teologia dogmática trata da forma como o sagrado mistério é visto pelo povo de Deus.
   III. A teologia dogmática trata da natureza divina de Deus.
   IV. A teologia dogmática trata da forma como o Sagrado Magistério elaborou seu ensinamento em relação às verdades fundamentais.

Está correto apenas o que se diz em:
a) I e II.
b) I e III.
c) II e III.
d) I e IV.

4. O mistério pascal está presente igualmente em todos os sacramentos. Portanto, é correto dizer que celebrar um sacramento é celebrar:
a) a caminhada do povo de Deus.
b) o nascimento de uma criança.
c) o mistério pascal.
d) o mistério da natureza.

5. É correto afirmar que, para Santo Agostinho, os conceitos *mysterion* e *sacramentum*:
a) remetem a fatos que podem ser percebidos pelos sentidos e têm um significado que ultrapassa aquilo que aparenta imediatamente, apontando para uma realidade supranatural.
b) remetem a fatos que podem ser percebidos pelos sentidos e têm um significado que ultrapassa aquilo que aparenta imediatamente, apontando para uma realidade espiritual.
c) remetem apenas aos fatos perceptíveis pelos sentidos.
d) não existem.

Atividades de aprendizagem

Questões para reflexão

1. O que são dogmas? Por que a Igreja precisa deles?

2. De que forma o desenvolvimento do dogma aconteceu dentro da Igreja? Qual é sua relação com a teologia dos sacramentos?

3. O mistério faz parte do dogma? Qual seria a compreensão do mistério? Faça uma análise com base na leitura do capítulo.

Atividades aplicadas: prática

1. Organize uma entrevista com um teólogo que tenha conhecimento sobre os dogmas da Igreja. Você pode ir sozinho ou com mais um ou dois colegas. Pergunte, por exemplo, qual é o posicionamento da Igreja com relação aos dogmas na atualidade. As respostas poderão ser escritas e depois, em um momento adequado, ser lidas na sala de aula, dando início a uma reflexão em grupo.

2. Apresente um plano de aula sobre os sacramentos e sua relação com a dogmática.

   Conteúdos importantes:

   - Abordagem bíblica
   - Abordagem histórico-dogmática
   - Reflexão sistemática

   Elabore o resultado do conteúdo numa ordem sistemática para depois apresentar ao grupo em momento oportuno.

5
A economia sacramental da Igreja[1]

---
[1] Todas as passagens bíblicas indicadas neste capítulo são citações de Bíblia (2002).

Neste capítulo, posicionamos a Igreja como sacramento de Cristo. Depois de elencar os fundamentos bíblicos para a existência da Igreja, ilustramos as diversas imagens dela relacionadas à pessoa de Jesus e ao discipulado fraterno e universal. Em um segundo momento, fazemos uma análise histórica, desde os tempos apostólicos até os contemporâneos. Em um terceiro momento, apontamos uma mudança radical registrada no Concílio Vaticano II; a passagem da centralidade do papa ao povo de Deus, pois este passa a ser visto como elemento central da Igreja. Por fim, concluímos o capítulo com diversas imagens da prática e da vivência dos sacramentos.

Uma das dificuldades eclesiológicas da atualidade é compreender a situação sociopolítica da Igreja na sociedade moderna. Em todas as épocas, houve problemas com a Igreja, vista como veículo para a ação divina por meio da atuação humana, sempre caracterizada por fraqueza, imperfeição, falibilidade e maldade. Por isso, mesmo como sacramento do amor de Deus, ela continua sendo uma comunhão de pessoas, uma instituição humana, que fica muito a dever à sua incumbência divina. Ainda assim, quando esses problemas são tratados com seriedade e perseverança, novas chances surgem. Cada época histórica apresenta, portanto, seus acessos específicos à Igreja.

Dessa forma, para compreender a economia sacramental da Igreja, é necessário que esta seja conhecida em diversas dimensões. Por isso, em um primeiro momento, discutimos, neste capítulo, sobre o que ela é e, em seguida, abordamos seu lugar no mundo e as formas pelas quais os sacramentos falam acerca da pessoa de Cristo dentro dela. Por fim, buscamos esclarecer de que forma ela se torna o lugar de rezar, de vivenciar e celebrar os sacramentos.

5.1 O que é a Igreja?

A essência da Igreja remete a múltiplas direções. Isso porque o fiel professa, por um lado, com o Credo, a Santa Igreja católica e apostólica; por outro lado, não pode ignorar que a Igreja empírica, histórica, concreta, muitas vezes não corresponde a tal crença, pois como se diz, ela é "santa e pecadora". Portanto, identificar essa essência não é uma tarefa tão fácil, pois ela extrapola formas empíricas e históricas. Em virtude dessa realidade, a Igreja foi definida em formas diversificadas ao longo da sua história. Afirmando a ideia do Concílio Vaticano II, Wiedenhofer (2000, p. 86-87) descreve:

por um lado, como um mistério, que não pode ser esgotado por conceito algum, mas que precisa ser buscado por muitas imagens e conceitos, que se corrigem e se complementam entre si [...], mas por outro lado, diante das indagações, experiências e anseios hodiernos, e numa retomada de noções eclesiológicas da Igreja primitiva sobre Igreja como comunhão e sacramento, aquele concílio colocou alguns acentos bem nítidos que dão novo acesso à essência da Igreja, no contexto de expectativas e indagações de hoje.

5.2 Fundamentos bíblicos da Igreja

No que se refere à fundação da Igreja, as diversas passagens da Escritura mostram que Jesus instituiu, ou fundou, a Igreja una. Jesus histórico e Cristo Ressuscitado, "bem consciente e expressamente estatuiu determinados atos jurídicos formais, por meio dos quais Ele fundou a Igreja como instituição visível, juridicamente estabelecida, por sua vontade em todos os pontos essenciais" (Wiedenhofer, 2000, p. 56).

Duas passagens nas quais aparece o termo *Igreja* nos sinóticos (Mt 16,18s; 18,17), têm origem, provavelmente, na situação pós-pascal. A princípio, a pregação de Jesus ocupou a posição central na pregação do Reino de Deus e promoveu a conscientização do amor e da misericórdia incondicionais e ilimitados vindas do Criador em situações concretas de desgraça. Para tal propósito, Jesus se dirige a Israel como um todo com o objetivo de reunir, renovar e preparar o povo inteiro, em face do iminente Reino de Deus. Nesse sentido, ele não pretendia fundar nenhuma nova comunidade religiosa, portanto é necessário descobrir as interpretações para a questão do surgimento da Igreja.

Existem dois pontos de partida para analisar essa questão:

1. **Teológico-dogmático:** parte da premissa de que a Igreja, que transmite a Sagrada Escritura como sua própria Carta Magna, encontra-se em continuidade de princípio com sua origem bíblica; no entanto, como não transmite o próprio produto, mas apenas testifica um bem que lhe foi confiado e que, como norma, antecede sua fé, ela também pode e precisa ser questionada, criticamente, a partir desse testemunho bíblico.

2. **Histórico-crítico:** esse ponto permite levantar hipóteses sobre como os eventos aconteceram realmente. Essa hipótese apresenta a historicidade da fé que, teologicamente, não pode ser negada.

Portanto, sobre Jesus ter fundado a Igreja ou não, esse é uma resposta muito complicada em termos históricos e dogmáticos. Isso porque os dois conceitos principais que nela aparecem – *Igreja* e *fundação* – podem ter muitos significados e apresentar conteúdos e abrangência diferentes. Wiedenhofer (2000, p. 57) aponta que

> o termo "Igreja", em sentido muito específico – comunhão dos fiéis, que, sob a direção do papa e dos bispos, compartilham a mesma fé eclesial e recebem os mesmos Sacramentos – tem cunho mais restritivo. Enquanto a "Igreja" em sentido mais amplo e aberto – comunhão dos que creem, esperam e amam, foi inaugurada por Deus, por meio de Cristo, no Espírito Santo, possui o cunho mais inclusivo. O mesmo vale para "fundação": a realidade apresenta padrões básicos culturais muito diversificados de tais procedimentos, de fundação, integração, comissionamento no cargo, iniciação.

Ao analisarmos esses dois pontos, percebemos que os diversos aspectos fundamentais do surgimento da Igreja têm duas compreensões:

1. A Igreja tem seu lugar próprio e seu centro na celebração eucarística como comunidade de culto cristã; ela existe somente após a Páscoa, ou mesmo após Pentecostes. Por isso, é somente então que pode vir a ocorrer a institucionalização concreta da nova comunidade de fé.
2. A evolução da Igreja não é concebível sem a história do Jesus pré-pascal. O movimento escatológico de congregação iniciado por Jesus, voltado para Israel, e seus sinais (formadores de comunhão) do Reino de Deus que se aproxima constituem a base objetiva, teológica e também histórico-sociológica para a institucionalização pós-pascal da Igreja.

O fenômeno das comunidades cristãs evoluiu durante o período apostólico e deu origem aos diversos conceitos teológicos, conforme as situações de vida. Dessa forma, encontramos algumas imagens eclesiológicas neotestamentárias da Igreja.

5.2.1 Igreja: povo de Deus, corpo de Cristo e templo do Espírito Santo

A ideia de que a Igreja é povo de Deus, corpo de Cristo e templo do Espírito Santo se encontra nas epístolas de Paulo, escritas por volta dos anos 50 d.C., e está marcada pela experiência religiosa do apóstolo, pelo fato de ele lidar, das mais diversas maneiras, com a realidade concreta de comunidades dos crentes em Cristo.

São Paulo percebe e avalia as comunidades que creem em Cristo observando o contexto de sua experiência básica e de sua tarefa fundamental. Ele fala da origem e do início da comunidade; da pregação do Evangelho, isto é, da mensagem salvadora de Jesus Cristo crucificado e ressuscitado; da pregação fundadora da comunidade. Fala, ao mesmo tempo, de si mesmo, como proclamador e apóstolo, de sua vocação e do seu envio por Deus; e dos interpelados que, graças à sua eleição por Deus, na fé e no Batismo, aceitaram esse Evangelho. Assim, percebemos que as comunidades surgem a partir do anúncio do Evangelho e pela fé dos interpelados que o aceitam.

A noção de Igreja como povo de Deus leva Paulo a sintetizar experiências diversas: da fidelidade de Deus para com a Aliança – apesar da infidelidade do povo eleito e das consequentes rupturas da história da salvação; do irromper do tempo final, na morte e na ressurreição de Jesus Cristo; e da missão bem-sucedida entre os gentios.

A noção de Igreja como corpo de Cristo remete à expressão *estar em Cristo*, que significa que a pessoa que nEle crê entra na área de domínio do Filho exaltado à direita do Pai. O Cristo crucificado e ressuscitado permanece no espaço redentor de vida da nova Criação; quem entra nesse novo espaço de vida também passa por nova socialização. Dessa forma, as estruturas sociais são anuladas, pois "estar em Cristo significa que não há nem judeus nem gregos, nem escravos nem livres, nem homem, nem mulher" (Gl 3,28). Nesse sentido, os participantes da celebração da Eucaristia passam a ter parte no Corpo e Sangue de Cristo; assim, eles são unidos ao Cristo crucificado e ressuscitado e passam a ser eles próprios corpo de Cristo.

A noção de Igreja como templo do Espírito Santo, por sua vez, remete à experiência da pessoa que faz parte da nova comunidade e tem encontro com o ressuscitado, saindo transformada com a experiência de ter sido tomada pelo Espírito Santo. O Espírito é o sinal decisivo de que alguém vive na comunhão salvadora com Cristo. Por isso, para Paulo, Igreja também é o "templo de Deus, tomado de Espírito" (1Cor 3,16), o templo messiânico do Deus vivo, no qual as promessas do Antigo Testamento se cumpriram. Isso porque Deus nela habita por intermédio do Espírito, ao qual se deve a Igreja, pelo qual é edificada, o qual lhe concede os serviços e dons de que ela precisa, o qual a santifica para uma vida santa perante Deus.

Assim, como afirma Wiedenhofer (2000, p. 68),

> "Corpo de Cristo", "povo de Deus" e "templo de Espírito Santo", são, em Paulo, caracterizações alternativas da Igreja, no quadro de sua experiência básica e de sua tarefa fundamental, no contexto experiencial da fundação de comunidades. Comunidades que começam a surgir quando o apóstolo proclama o Evangelho salvador de Jesus Cristo e os interpelados aceitam na fé esse Evangelho. As comunidades tomam forma plena, quando os participantes da celebração da Eucaristia, por meio de sua participação conjunta no corpo e sangue de Cristo, são unificados de tal maneira com o Cristo crucificado e ressurreto, que eles próprios são o "corpo de Cristo" e são fundidos, por seu Espírito, em uma nova comunhão.

5.2.2 Igreja: casa de Deus assentada sobre o fundamento apostólico

A situação das primeiras comunidades, igrejas gentio-cristãs da Ásia Menor, era pluricultural. Elas viviam no meio das comunidades de outras tradições e tinham aquela expectativa imediata da vinda do Senhor, mas que desapareceu lentamente até talvez a segunda ou a terceira geração. Portanto, precisavam da retrospectiva do testemunho apostólico original. Em suas cartas pastorais, São Paulo demonstra entender a Igreja como lar organizado de Deus, segundo o modelo da comunidade doméstica antiga, de organização patriarcal. Assim, a Igreja passa a ser a casa de Deus, assentada sobre o fundamento apostólico.

A questão da continuidade do Evangelho, ou de sua transformação no decorrer do tempo, era uma preocupação das lideranças das comunidades. Estas estavam se tornando cada vez mais interculturais, e havia perigo de se corromper a doutrina herdada e também de confundir as comunidades formadas. Essa situação conduzia, finalmente, à primeira autotematização do aspecto institucional das comunidades. A comunidade individual buscava sua realização concreta na Igreja de âmbito mundial e se baseava na pregação do Evangelho, mas ao longo do tempo essa pregação se deparou, concretamente, com a doutrina e o legado da tradição apostólica.

Também o discípulo do apóstolo, caracterizado como tipo ideal de líder comunitário, deveria servir de exemplo para os dignitários da comunidade; entrementes estabelecido, seguiu o figurino do apostolado paulino. Os líderes das comunidades estavam cientes de que: (1) por um lado, o Evangelho que transformou a Igreja e começou a se espalhar e a se instalar no mundo pagão precisava dos modelos adequados para a sua preservação; e (2) por outro lado, a permanência do Evangelho no mundo carece de portadores institucionalmente organizados e estabilizados – semelhante institucionalização não é possível sem o apoio de padrões sociais. No interior dessa situação, os cristãos intelectuais e socialmente marginalizados no meio pagão se sentiam como forasteiros, sem pátria e sem direitos civis; mas na comunidade doméstica ou local, a "casa de Deus", encontraram nova pátria, criada pela proximidade escatológica de Deus, nova familiaridade e fraternidade possibilitada pela doação de Jesus. Dessa forma, buscavam o fundamento apostólico.

5.2.3 Igreja: discipulado fraterno universal

A nova situação em que se encontravam as comunidades nas últimas décadas do primeiro século recebeu nova motivação com diferente ênfase nos Evangelhos.

A distância, cada vez maior, das primeiras testemunhas apostólicas, a multiplicidade das tradições, com difusão de doutrinas errôneas, o confronto com tendências entusiastas [...] tornam necessária a atualização da tradição sobre Jesus, também em forma de certificação histórica, relacionando-a criticamente, com as condições atuais. (Wiedenhofer, 2000, p. 69)

Nessa concentração sobre o Jesus histórico, a Igreja apresentou-se como fundamento mediante o qual o amor de Deus entrou na história graças à pessoa de Jesus e à atuação em palavra, ação e sofrimento. Nesse evento se encontram as sementes da fundação da Igreja, pois o grupo do discipulado chamado por Jesus e que o acompanhou era claramente um pré-projeto, uma promessa da Igreja futura: a ordem de missão por parte do Ressuscitado levou os onze discípulos[2] a se dirigirem a todos os povos, para transformar todas as pessoas em discípulos de Jesus. Assim, o discipulado de Jesus e a Igreja presente passaram a ser intimamente relacionados.

Nesse contexto, percebemos que a Igreja pode ser compreendida como uma comunidade na qual, embora haja disputas hierárquicas, rivalidades e conflitos, a estrutura hierárquica de autoridade é atravessada, porque ali a verdadeira grandeza está em servir a todos. Esse discipulado universal é fundamentado e mantido em coesão pelo Cristo exaltado, o qual está nele presente como senhor, mestre e juiz, até o fim do mundo. Além disso, é reunido, concretamente, pelos discípulos vocacionados e enviados particularmente pelos "doze" na palavra da pregação e no Batismo. Podemos dizer que o discipulado fraterno embasado na pessoa de Jesus se torna motivação principal para a Igreja cumprir sua missão em diferentes continentes nos tempos posteriores.

---

2 Aqui mencionamos que os discípulos eram onze porque Judas havia morrido após entregar Jesus aos sumo sacerdotes. A ordem referida foi dada por Cristo quando, logo após Sua morte na Cruz, por medo da perseguição dos judeus tradicionais, os discípulos trancaram-se em uma habitação.

5.3 Análise histórica da Igreja

Graças à inspiração e à experiência na pessoa de Jesus, à motivação recebida dos "doze" apóstolos e aos fundamentos claros da tradição apostólica, as comunidades posteriores continuaram com vigor e ânimo a difusão da doutrina cristã no mundo pagão da Ásia Menor. Posteriormente essa "Igreja" tomou rumos diferentes, adquirindo e assumindo novos sentidos conforme as épocas e múltiplas interpretações.

5.3.1 Igreja nos primeiros séculos

Nos primeiros séculos, a Igreja foi compreendida pelos Padres do Deserto como parte do plano salvífico de Deus, manifestado na pessoa de Jesus Cristo, a ser proclamado ao mundo inteiro. Além disso, foi entendida como veiculação eclesial desse mistério da salvação de Deus que é parte da atuação divina, da economia divina da salvação – em outras palavras, vista como mistério da fé. Também foram desenvolvidas as formas essenciais da Igreja, as normas básicas da fé, como o cânone da Escritura Sagrada, o Credo, as regras de fé, os aspectos básicos do culto divino (o Batismo e a Eucaristia) e as formas básicas da constituição eclesial (Ordem episcopal) e da veiculação (pregação, catequese e teologia). Ainda com sua rápida difusão, os cristãos continuaram sendo minoria na sociedade no século IV, representando entre 12% e 15% da população mundial da época.

Com isso, define-se no interior do culto divino,

> a Igreja como uma grandeza relacional: a comunhão dos crentes a se reunirem concretamente para o culto divino em um lugar, o que forma uma comunidade, e ao mesmo tempo o evento da ação divina na história, aquela realidade misteriosa, que surge de

maneira sempre nova nos corações das pessoas e na vida por meio da divina eleição, redenção, santificação, condução, consumação e por meio da prontidão para a fé; antes de mais nada, ela é a união mística com Jesus Cristo, a palavra de Deus tornada pessoa humana. (Wiedenhofer, 2000, p. 72)

Dessa forma, podemos definir a Igreja nos primeiros séculos como mistério da fé, comunhão com o Deus Trino, que chama e une as pessoas em comunidade por meio da Palavra e do sacramento e envia essa comunhão para o mundo a fim de reunir todos os seres humanos numa profunda comunhão com Ele.

5.3.2 Igreja na Idade Média

Nesse período, a Igreja se tornou centro das atenções, com poder social, político e institucional. Entrou no campo de hierarquia, no qual os entrelaçamentos entre religião e Igreja e entre sociedade e Estado eram pressupostos como contextos naturais de experiência e ação, e o conceito de Igreja automaticamente recebeu um alcance político-cultural. Duas vertentes da Igreja do Oriente e do Ocidente se tornaram nítidas, demarcando suas particularidades e especificidades em diversos campos:

> no Oriente, a tendência foi de a esfera política tentar apoderar-se da esfera eclesiástica; no Ocidente ocorreu o contrário, de se tentar a subordinação do âmbito político ao eclesiástico. No Oriente, surge assim uma tendência de teologização da política e maior sacralização do Imperador, ao passo que no Ocidente ocorreu, inversamente, uma politização da religião e particularmente do papado. Na alta Idade média, a Igreja por isso se apresenta principalmente como modelo da dominação sagrada. (Wiedenhofer, 2000, p. 76)

No âmbito do culto divino, a Igreja antiga permaneceu intacta e se identificou como a comunidade dos crentes santificados na fé e no Batismo, por meio de Deus e para Deus, como parte da economia divina da salvação e como unidade sacramental entre o celestial e o terreno. Porém, ao longo da clericalização, individualização e formalização jurídica da vida eclesial, essa experiência cultural da Igreja se diluiu cada vez mais. Na época da Reforma da Igreja ocidental, teve continuidade uma imagem espiritual contra a Igreja secularizada. A única alternativa que restava era espiritualizar e individualizar a Igreja ou atacar politicamente e de frente a Igreja clericalizada e burocratizada. Dessa forma, conclui-se que, no quadro geral da evolução medieval, a Igreja se apresentava em primeiro lugar como instituição sacra outrora fundada por Cristo, que d'Ele recebeu todos os órgãos vitais e as correspondentes procurações e a qual, assim equipada, lutava pela glória de Deus no mundo.

5.3.3 Igreja na Era Moderna

No tempo moderno, a Igreja teve de lidar com dois fenômenos opostos: (1) eclesialização da religião e (2) secularização da sociedade. A Igreja apresentou suas diversas ramificações, resultado da pluralização da sociedade; ao mesmo tempo, foi marcada pelos mais importantes contextos e questões da evolução moderna. Em meio aos múltiplos problemas sociais, políticos, intelectuais e religiosos, surgiu uma nova concepção de Igreja, na qual as relações entre fé cristã e modernidade e entre Igreja e sociedade plural e secularizada moderna receberam orientações adequadas aos novos tempos.

Na vida moderna, a burguesia, isto é, a classe economicamente bem-sucedida, não encontrou lugar no contexto da Igreja, portanto se afastou das propostas comprometedoras desta. Para dar sentido à vida, o ser humano moderno não precisaria mais da Igreja, pois em sua conduta concreta praticamente não fazia diferença se pensava dessa ou daquela maneira sobre a verdade da fé cristã. A religião precisaria ser racional e previsível ou passar para a esfera estritamente privada.

Portanto, era preciso buscar a unidade dentro da Igreja, em vários setores. Igreja é a realização divina e transmitida à humanidade pelo Espírito Santo, o qual permanece vivo e atuante somente no conjunto dos fiéis. A expressão viva do Espírito Santo a vivificar a globalidade dos crentes é a tradição viva da Igreja. Percebe-se que

> a Igreja se origina da história da Salvação, da história do povo eleito por Deus, voltando a entrar na história dos seres humanos, ligando a vida divina com o sinal e testemunho humano imperfeitos. A igreja não é, em primeiro lugar, uma instituição, mas se constitui da conexão fundada por Deus, da graça com o indivíduo humano. (Wiedenhofer, 2000, p. 84)

5.4 Igreja na visão do Concílio Vaticano II

O Concílio Vaticano II definiu a Igreja como povo de Deus, transferindo a centralidade da hierarquia eclesiológica para fiéis, que fazem parte da grande família e que reconhecem Jesus como centro de suas vidas. Nessa nova compreensão, ela foi redescoberta interiormente como mistério da fé e como comunhão histórica dos crentes, pela qual a relação com o mundo é redimida. A Igreja faz parte do plano salvífico divino, e na qualidade de sacramento universal da salvação é a forma histórica e social da vontade de Deus a fim de fazer a Criação chegar a seu alvo em Deus. Dessa forma, também, os elementos fundamentais da Igreja (pregação, culto e diaconia) se apresentaram sob nova luz.

Um dos elementos mais importantes do Concílio Vaticano II foi sua forma de apresentação da estrutura constitucional da Igreja, mantendo as raízes nas origens bíblicas e patrísticas, superando a centralidade eclesiológica dos tempos medievais e redescobrindo-se como Igreja local: ela se realiza concretamente em comunidades locais. "As Igrejas locais são Igreja por princípio, e em sentido pleno e abrangente. A Igreja como um todo, por isso deve ser definida, essencialmente, como comunhão das Igrejas locais" (Wiedenhofer, 2000, p. 84).

Com base nessa visão, as qualidades da Igreja – unidade, santidade, catolicidade e apostolicidade, por exemplo – receberam nova compreensão. A absolutização e superioridade de sua própria forma e o distanciamento da sociedade ao longo dos séculos cederam à concepção de unidade escalonada, abrindo novas perspectivas ecumênicas. A santidade da Igreja adquiriu nova importância a partir da experiência da Igreja dos pecadores. A catolicidade não mais significava uniformidade, mas intercâmbio de experiências de fé eclesiais inculturadas. A apostolicidade deixou de ser apenas fator de legitimação, para se tornar, ao mesmo tempo, exigência e critério.

O Concílio Vaticano II apresentou dois rumos extremamente complexos: a Igreja como (1) **mistério da fé** e (2) **realidade empírica cotidiana**. Ela é parte da realidade historicamente experienciável e apreensível e tem uma dimensão fundamentada na atuação histórica de Deus, neste mundo, na revelação escatológica de Deus, em Jesus Cristo. É uma livre atuação salvífica de Deus, portanto pode ser experimentada e apreendida no livre ato de fé.

Outra característica que o Concílio apresentou em relação à essência da Igreja foi a associação dos seus dois aspectos – **objeto** e **sujeito**. A caracterização objetiva remete ao fato de que ela somente é resultado da ação divina, já pela subjetiva, compreende adequadamente sua missão, na medida em que se entende totalmente como fruto da graça. Por outro lado, a Igreja é, de muitas maneiras, sujeito de ações humanas, uma vez que tem uma missão a cumprir.

Um dos elementos que o Concílio destacou foi o contexto de uma **práxis libertadora de fé** em que diversas ênfases foram acolhidas e tratadas em detalhe no segmento sistemático. A grandeza do Concílio foi oferecer a liberdade à Igreja para assumir e desenvolver suas especificidades e particularidades, conforme as culturas locais e conforme os continentes. Na Ásia, ela adquiriu a característica dialogal, devido à presença de diversas tradições religiosas; na África, assumiu a dimensão litúrgica, em que a Igreja se encontra mais dançante em razão da rica diversidade cultural; e na América Latina, destacou-se a dimensão profética diante da realidade da opressão e da pobreza.

Na América Latina, uma das características da concepção da Igreja se encontra no contexto da opressão política, social e cultural. Portanto, ela se encontra ali rumo a uma práxis libertadora de fé. Como afirma Wiedenhofer (2000, p. 85), "as comunidades eclesiais de base, como é o lugar privilegiado, no qual o povo oprimido aprende a se entender como sujeito da evangelização e como sujeito da práxis libertadora da imitação de Cristo; são, portanto, o lugar privilegiado do aprendizado da nova vida eclesial". Em outras palavras, com as práticas da fé e da libertação, a Igreja adquire sua identidade como povo de Deus, na medida em que se torna Igreja do povo e Igreja dos pobres; assim, o povo oprimido deixa de ser o objeto da atenção eclesiástica e passa a ser ele próprio o sujeito histórico da fé libertadora.

Na sequência, apresentaramos os três pilares da Igreja que receberam novas ênfases e compreensões a partir do Concílio Vaticano II: Igreja como povo de Deus, Igreja como espaço sagrado e Igreja como corpo de Cristo.

5.4.1 Igreja como povo de Deus

Historicamente, a Igreja se originou do povo de Israel, e com este ela também compartilha a noção fundamental de ser povo de Deus. O Concílio fez três apontamentos importantes. No primeiro, o capítulo II da constituição *Lumen Gentium* (LG) (Concílio Vaticano II, 2000), relembra-se a natureza pessoal e histórica da Igreja, na qual a comunidade de crentes se entende como consequência de um ato de dedicação ao divino na história. Nessa dedicação histórica a Deus, o povo encontrou a capacidade de viver a própria comunhão e sobreviver, mas também aprendeu a levar a experiência de Deus aos outros que se encontram neste mundo, tornando-se um sinal visível da salvação na história. Nota-se uma vivência da Aliança, uma inter-relação ativa entre a experiência de Deus e a própria experiência social, entre a imagem de Deus e a forma de organização da comunidade religiosa.

O segundo apontamento se refere ao caráter pessoal e histórico da existência do povo, com a particularidade histórica e com o significado salvífico e universal dessa comunidade. Israel e a Igreja se entendem como comunidades concretas e delimitadas historicamente, uma com a eleição e outra com a opção graciosa feita por Deus.

Por fim, o terceiro apontamento ressalta que todos os membros da Igreja formam uma comunhão igualitária. Salvação é unidade, comunhão, conciliação e unificação. Por isso, o Concílio Vaticano II, em sua constituição eclesial, antecipou os enunciados sobre a diversidade das tarefas, responsabilidades e serviços.

5.4.2 Igreja como espaço sagrado

A assembleia cristã, convocada para celebrar o culto, precisa de um lugar onde possa se reunir. Os primeiros cristãos tinham utilizado edifícios para celebrar o culto; eram as casas destinadas a reunir a assembleia de oração. A partir dali, foi dado o nome de "Igreja" ao edifício. Existem diferentes elementos que podem compor a edificação desse espaço sagrado para as celebrações do culto, mas dois deles são indispensáveis: a nave central e o santuário. Como diz Augé (2007, p. 86):

> Historicamente, a construção do espaço sagrado evoluiu ao longo dos séculos: nos tempos da glória romana era o estilo Românico, que conseguia harmonizar a linha horizontal com a vertical, a simplicidade com a monumentalidade, a estabilidade romana com a dinamicidade dos povos; o gótico no século XII, um estilo dominante, apresentando a manifestação única com acentos movimentados. No Concílio de Trento, desenvolve-se o estilo Barroco, que exprime com vigor, e às vezes, com irracionalidade o entusiasmo pela vitória e pelo triunfo da fé.

O Concílio Vaticano II nos avisa na constituição *Sacrosanctum Concilium* (n. 124) que "ao se construírem Igrejas, cuidem diligentemente que sejam funcionais, tanto para a celebração das ações litúrgicas, como para obter a participação ativa dos fiéis" (Concílio Vaticano II, 1987, p. 303). O edifício sagrado, que hoje se constrói segundo critérios mais modernos, procura claramente um espaço no qual a comunidade possa perceber e atuar num ambiente luminoso e mais próximo ao centro da ação. Como afirma Augé (2007, p. 88),

> o ideal que se procura é a funcionalidade, a simplicidade, a beleza e o decoro, sem renunciar ao valor simbólico do lugar do culto. Concretamente, que haja a disposição geral do lugar sagrado e esteja estruturado, de tal maneira, que possa apresentar a configuração da assembleia reunida, e permita a participação disciplinada

e orgânica de todos, favorecendo o desenvolvimento regular das funções de cada um.

Na história da arquitetura cristã[3], a nave central, o santuário e outros elementos constituem e ilustram as diversas eclesiologias que orientaram a disposição dos espaços sagrados. O importante é que suas partes estejam organicamente distribuídas com vistas à participação em todas as celebrações litúrgicas. A disposição dos espaços e dos elementos do lugar do culto não somente deve estar a serviço da assembleia da celebração, mas também desempenhar outra função: exprimir o próprio mistério da assembleia celebrante. A distribuição do espaço celebrativo, do santuário e da nave central se encontra organizada no trinômio *altar, sede* e *púlpito*, que são os lugares característicos do sacrifício eucarístico, da presidência e da proclamação da Palavra.

O **altar**, no qual se torna presente, por meio dos sinais sacramentais, o sacrifício da cruz, é também a mesa do Senhor, da qual o povo é convidado a participar quando convocado para a missa; é o centro da ação de graças, que se cumpre com a eucaristia. Podemos dizer que ele exprime o valor sacrificial e cerimonial da Eucaristia, portanto a centralidade dele deve ser interpretada mais no sentido espiritual do que material.

A **sede** do sacerdote celebrante é o lugar da função de presidir a assembleia e conduzir a oração. A princípio, é uma honra prestada ao presidente que é sinal de Cristo (SC, n. 7); dali, o celebrante age em nome e em benefício da assembleia.

O **púlpito** é o lugar de onde é proclamada a Palavra de Deus. Conforme a estrutura da Igreja, ele deve estar disposto de tal modo que os ministros possam ser vistos e ouvidos comodamente pelos fiéis.

---

[3] A arquitetura cristã é um dos elementos muito importantes na construção das igrejas. Os elementos mais importantes (nave central e santuário) parecem ter suas origens nas religiões orientais, especificamente na tradição hindu. Os hindus também têm os templos com mesmas características, mas com simbologia diferente. Sobre esse assunto, conferir Das (1995).

Assim, percebemos que a Igreja é vista como espaço sagrado e é onde os fiéis se reúnem para fazer a experiência de Deus por meio das celebrações dos sacramentos.

5.4.3 Igreja como corpo de Cristo

A Igreja como corpo de Cristo é compreendida de tal forma que a presença do ressuscitado se torna o meio para atender às pessoas que O buscam a fim de suprir suas necessidades espirituais cotidianas. Segundo essa visão, a dimensão sacramental da Igreja é apresentar o rosto de Jesus no tempo e no espaço da humanidade, pois ela pode ser compreendida somente a partir do contexto cristológico (LG, n. 1), quando se entende como reino de Cristo e se encontra presente no mistério. Como Israel era um só povo, por meio do templo e de suas reuniões de culto divino, as comunidades de cristãos, geograficamente dispersas, unem-se no novo templo, o Corpo do Senhor (Mc 14,58). Durante o culto divino, eles comem o pão uno que os transforma em um só corpo.

Dessa forma, a Igreja é comunhão íntima com Cristo, porque é o povo que nEle crê, que está batizado em Seu nome e que vive a partir do Corpo Eucarístico, que no Batismo e na celebração da Eucaristia se torna ele próprio corpo de Cristo. Nessa perspectiva, a Igreja é o sinal terreno e histórico do Cristo ressuscitado e exaltado, portanto é o sinal sacramental. Ela é forma de apresentação da bondade e benevolência de Deus para com os seres humanos. Sendo sinal, não pode representar uma forma qualquer; está marcada pelo condicionamento histórico dAquele a quem ela deve representar na história.

5.5 Igreja, aspecto sacramental de Cristo

A Igreja é o lugar do encontro com Deus, onde os fiéis celebram os sacramentos. Encontramos no Evangelho de João os discípulos perguntando: "'Mestre, onde moras?', Jesus responde a eles: 'Vinde e vede'" (Jo 1,38). Inspirados com a mesma pergunta, os fiéis desejam conhecer e fazer a experiência de Deus; a Igreja responde "vinde e vede". Dessa forma, ela "não só mostra a presença de Jesus em toda a comunhão fraterna, mas também indica-o vivo e operante, naqueles eventos da graça, através dos quais, Ele mesmo vem ao encontro do ser humano, nas necessidades mais verdadeiras e profundas do seu coração: os Sacramentos" (Forte, 1996, p. 25).

Os sacramentos se tornam os mediadores na Igreja, fazendo o Cristo presente, atuando por intermédio da comunidade eclesial, em que atinge a vida humana com seu amor, doando-se, de forma sensível, por meio dos gestos e palavras. Como destaca a constituição *Lumen Gentium* (n. 21), por intermédio dos seus ministros, é o "próprio Cristo que prega a Palavra de Deus a todos os povos e, constantemente, administra aos fiéis os sacramentos da fé" (Concílio Vaticano II, 1987, p.62).

Descobre-se a íntima relação dos sacramentos com a Igreja nos encontros pessoais do Deus vivo com o ser humano, em suas diversas fases e nas diferentes situações de sua vida pessoal. Essa relação se torna uma reflexão da relação trinitária, pois a comunidade misteriosa e real existente entre Cristo, a Igreja e os sacramentos se fundamenta no caráter histórico, e esses sacramentos provêm do Senhor Jesus, uma vez que foram desejados e instituídos por Ele.

Por isso, o testemunho da Igreja nascente cuida de transmitir a vontade de Jesus quanto aos sinais da Nova Aliança (Batismo: Mt 28,19;

Eucaristia: Mc 14,22-25; Penitência, Jo 20,21-23; Ordem: Lc 22,14-18; Confirmação, At 8,14-17; Unção dos Enfermos: Mc 6,13; e Matrimônio: Mt 19,3-6); e promete que o Salvador sempre estará ao lado dos fiéis como garantia de Sua fidelidade, viva e operante em todos os lugares e em todas as ocasiões.

A Igreja pode ser considerada o grande sacramento da graça e da salvação no mundo. Nela está sacramento precioso vindo de Deus: o próprio Cristo. Assim, o Pai uniu-se a Seu povo por intermédio de Cristo, e o Cristo se uniu a nós instituindo a Igreja (Trevizan, 2018). De tal forma, tudo que nela está contido e toda ação que verte à humanidade é sacramental porque ela atualiza o mistério pascal e instrui os fiéis.

Os sacramentos são manifestações da entrega de Jesus a nós, são as formas concretas da fidelidade e aconchego do Seu amor. A Igreja é o lugar em que os sacramentos se concretizam, podendo-se afirmar que estes foram instituídos pelo Senhor, na mesma medida em que a Igreja foi desejada e instituída por Ele, como Seu corpo crucificado na história, como ambiente vivo e sempre atual de encontro com Ele. O Filho de Deus, que entrou na história humana no intuito de conquistar e salvar a humanidade, quer marcar Sua presença a todo instante e bem perto dos corações mediante o envio do Espírito Santo que, por sua vez, com o auxílio do Pai, visita as situações humanas. Por intermédio do Espírito Santo, o Cristo ressuscitado vem ao encontro das criaturas, em cada período da história: "O Consolador, o Espírito Santo que o Pai enviará em meu nome, vos ensinará tudo o que eu vos disse" (Jo 14,26).

A atuação do Espírito Santo realiza-se, especialmente, por meio de uma intermediação histórica desejada pelo Senhor e que, de certo modo, vem prolongar o mistério de Sua Encarnação; assim, a Igreja, que é povo de Deus e ambiente do Espírito Santo, torna-se o sacramento de Deus, o lugar sagrado. Como destaca a constituição *Lumen Gentium* (n. 1), "A Igreja é unida a Cristo, como que um sacramento, isto é, um sinal e instrumento de íntima união com Deus e de união de todo o gênero humano" (Concílio Vaticano II, 1987, p. 39). Na Encarnação, Deus se torna visível na pessoa de Jesus na história humana, e essa presença é continuada na Igreja pelo Corpo de Cristo.

Portanto, a Igreja é comparada ao mistério do Verbo feito carne. De fato, da mesma forma como a natureza humana assumida está a serviço do Verbo divino na condição de organismo vivo de salvação indissoluvelmente unido a Ele, o organismo social da Igreja está a serviço do Espírito de Cristo, que o vivifica, com vistas ao crescimento do corpo (cf. Ef 4,16). Como afirma Forte (1996, p. 21), "A Igreja, comunidade de salvação, é o sacramento de Cristo, assim como Jesus Cristo, por sua natureza humana, é para nós o sacramento de Deus".

Como sacramento de Cristo, a Igreja é sinal vivo d'Ele, sinal totalmente voltado para Ele e espelho que reflete no mundo a luz d'Ele. De fato, a Igreja não tem luz própria, ela somente reflete a luz de Cristo; dessa forma, percebe-se que não é a Igreja que vive, mas é o Cristo que nela vive. Simultaneamente, torna presente o Senhor Jesus graças ao Espírito Santo a fim de que a graça da reconciliação atinja a todos os seres humanos: ela é o corpo do Senhor, a salvação oferecida por meio d'Ele, que assume corpo na história e se manifesta no mundo em meio a uma comunidade viva (Forte, 1996).

Como povo solidário com as vicissitudes humanas, a Igreja também é o sacramento da humanidade perante Deus, sinal e porta-voz da carência do dom da graça existente nos corações, expressão viva desse êxodo humano que suplica o advento da salvação. Dessa forma, encontramos em LG (n. 9, 48) e em GS (n. 45) que ela é "para todos e para cada um o sacramento visível da união salvadora, o sacramento universal de salvação" (Concílio Vaticano II, 1987, p. 48, 97, 193). Além disso, a Igreja é antecipação da eternidade, Reino de Deus já iniciado na história, embora ainda encoberto com o véu e sem a plena realização da glória. Assim a

> Igreja é a graça da vida em comum, dentro da corporeidade do espaço e da provisoriedade do tempo, é a comunidade convocada

pela palavra de Deus, em que essa mesma palavra ressoa, constantemente, a fim de convidar os habitantes do tempo para o encontro vivificante com o Eterno, libertando-os da prisão de seus isolamentos. (Forte, 1996, p. 23)

Sabemos que, por meio dos sacramentos da Igreja, o Senhor Jesus atinge toda a vida dos fiéis.

5.6 Os sacramentos falam da vida humana

A vida do cristão, aqui na terra, aponta para uma vivência eticamente correta, ponto de partida para uma peregrinação rumo à pátria futura. A Igreja é o ambiente privilegiado do encontro com Deus, sinal e instrumento pelo qual Ele demonstra Sua atenção e fidelidade ao Seu parceiro humano da Aliança. Nessa caminhada cotidiana, a Igreja "prossegue sua peregrinação, alternando as perseguições com as consolações de Deus, e anunciando a paixão e a morte do Senhor até que ele venha" (cf. 1Cor 11,26). Na ressurreição do Jesus Cristo, ela recebe forças para superar suas aflições e problemas e para transmitir fielmente ao mundo o mistério do Senhor até o fim dos tempos, em que Ele será manifestado na plenitude de sua luz (LG, n. 8).

Nesse sentido, a Igreja fala da vida cotidiana dos fiéis e os encoraja a enfrentarem todos os problemas pessoais e comunitários quando-se pela luz divina. Com essa participação divina, ela se torna a família de Deus, ou seja, o Deus Trino de amor é capaz de criar para os seres humanos uma comunidade de amor e de vida, à imagem d'Ele – uma família divina, uma extensão misteriosa da Trindade no tempo e no espaço. Conforme essa visão, percebe-se que os fiéis sentem a necessidade da

Igreja para ter um verdadeiro encontro com Deus e com os outros; e os padres da Igreja, com a consagração, elaboram as súplicas tornando-se porta-vozes dos fiéis, também para a graça divina. Pelos sacramentos, como afirma Forte (1996, p. 27),

> o Deus vivo vem ao encontro da vida humana, em suas etapas e exigências fundamentais, tanto no plano individual – nascimento, crescimento, instrução, cura e alento na doença (Batismo, Crisma, Eucaristia, Penitência ou Reconciliação, Unção dos Enfermos) – como no plano social – orientação da comunidade, sua vida em comum e seu desenvolvimento (Ordem e Matrimônio).

Assim, por meio dos sacramentos Deus participa nos momentos frágeis de todas as etapas da nossa vida. A princípio, Ele assume a forma corporal na história humana; como bom samaritano, Cristo se aproxima do ser humano, nas situações e necessidades concretas da sua vida, mediante os gestos sacramentais da Igreja.

5.7 Igreja, lugar de preservação dos sacramentos

Além dos três pilares da Igreja que analisamos anteriormente – Igreja como povo de Deus, como espaço sagrado e como corpo de Cristo –, ela é o lugar da preservação dos sacramentos, analisado a partir de três aspectos concretos. Explicitaremos cada um deles a seguir.

5.7.1 Igreja, lugar de celebração dos sacramentos

Para o cristão, celebrar os sacramentos significa levar Cristo, o caminho, a verdade e a vida, para a própria existência, a fim de haurir, do encontro com Ele, a plenitude da vida e a fortaleza e também estruturar a comunhão com os demais fiéis, como povo de Deus, peregrinando no tempo. A Igreja se torna o lugar dessa experiência na qual se celebra a liturgia dos sacramentos, e a graça se apresenta no dia a dia do ser humano como antecipação e penhor da eternidade com Deus: alimentados pela riqueza do Mistério celebrado com humildes símbolos da nossa história, os fiéis vivenciam suas vidas em uma tensão, que é um misto de compromisso e de alegria, entre o dom de Deus já recebido e a promessa ainda não realizada plenamente.

A vida dos fiéis aflitos encontra na celebração litúrgica dos sacramentos seu ponto culminante e sua fonte, sua expressão mais sublime e a dádiva da qual vivem e se alimentam. A celebração de cada sacramento é, portanto, um evento da graça, uma experiência daquela dádiva de amor que o Pai concedeu a cada um de nós ao entregar seu Filho para nossa salvação.

Por intermédio dos sacramentos, a Igreja apresenta o mistério pascal de Cristo, que se torna presente em situações históricas diferentes. Na celebração de cada um, o convite é feito para encontrar com Jesus e depois atuar como bom samaritano a fim de fazer o bem. A celebração do sacramento chega ao ponto máximo quando alguém consegue pôr em prática as propostas elaboradas por ele. Assim, percebe-se que os sacramentos não são recintos de aventuras individuais, mas o ambiente do encontro com Cristo em situações, pessoas e contextos diferentes.

5.7.2 Igreja, lugar de rezar os sacramentos

De modo geral, falamos em administrar ou celebrar os sacramentos, mas pouco nos referimos a rezá-los. Essa celebração, como lugar do encontro com Cristo, precisa ser vivenciada em um profundo espírito de fé e oração. Os dons de Deus devem ser suplicados e recebidos com espírito de ação de graças e com uma sincera abertura do coração, uma resposta de compromisso e adoração. A eficácia dos sacramentos, embora idêntica para todos, é vivenciada, profundamente, por aqueles que estão conscientes deles e reconhecem seus benefícios, por meio de uma profunda oração. Para vivenciá-los, é preciso penetrar no mistério da oração cristã que encontra na liturgia seu ponto culminante, sua fonte e seu modelo.

Na escola litúrgica, aprende-se que a característica da oração cristã é sua dimensão trinitária. Se o cristão, quando reza, não se coloca perante Deus, é como se estivesse diante de uma divindade desconhecida ou distante. Mas ele sabe que Deus participou na história, na pessoa de Jesus e caminha conosco no Espírito Santo. Nessa oração, o fiel se abandona no Pai, que é fonte de todo dom perfeito, Aquele que toma iniciativa do amor, enviando o próprio Filho. A oração desperta na pessoa a dimensão do modelo que é Jesus, isto é, como presença viva no íntimo de quem reza. Essa dimensão é produzida e alimentada pela graça dos sacramentos, a tal ponto que se possa dizer como Paulo: "Já não sou eu que vivo, mas é Cristo que vive em mim" (Gl 2,20).

5.7.3 Igreja, lugar de vivência dos sacramentos

A vivência dos sacramentos, como base, consiste em viver unido a Cristo e, perante o Pai, relacionar-se com os outros seres humanos, fortalecidos pelo Espírito Santo. Realizar essa forma de vida significa ter o senso de responsabilidade a fim de, diante das opções pessoais, desenvolver o espírito de solidariedade para com os outros. A inspiração vem com a ajuda de Jesus crucificado e ressuscitado. Assim, ficamos fortalecidos na alma, com a constante vivência do Espírito Santo.

Existem inúmeras formas de vivenciar os sacramentos, entre as quais podemos destacar três, apresentadas a seguir.

Vivenciar com responsabilidade

Quando participamos dos sacramentos, somos convidados a vivenciar, perante o Pai, a responsabilidade de nossas opções pessoais. Nos sacramentos, é o próprio Deus que vem ao nosso encontro, para que, por meio deles, aprendamos e adotemos as mesmas dimensões daquele que é nosso horizonte final e nossa pátria definitiva. "Ser responsável perante Deus significa obedecer à consciência, querer agradar ao Pai, mesmo quando isto só possa acontecer à custa de sacrifício e de fracasso, segundo a lógica do influxo e do poder deste mundo" (Forte, 1996, p. 110). A pessoa que encontrou Deus nos sacramentos sabe o valor das coisas e assume responsabilidade nas suas escolhas.

Vivenciar com o espírito de solidariedade

A vivência dos sacramentos se manifesta por meio do espírito de solidariedade, que nasce quando a nossa fé nossa vida acompanham o Filho Jesus Cristo. A celebração dos sacramentos nos educa a sermos solidários em relação aos outros, tentando compartilhar não somente o pão e o vinho na Eucaristia, mas também os sofrimentos e as aflições na vida cotidiana. Eles nos ensinam a viver juntos, a carregar os fardos juntos e a ser a Igreja da caridade. A vida cristã é, constantemente, renovada pelos sacramentos como convidada para a absoluta primazia daquilo que levou o Filho de Deus a se entregar à Cruz por amor a nós.

Vivenciar a intimidade sob o efeito da graça

A vivência dos sacramentos nos fortalece para viver na intimidade do Consolador que está presente na nossa história e contagia os seres humanos para serem protagonistas na experiência do amor. Os sacramentos nos lembram de que não estamos sozinhos, alguém se preocupa conosco, faz parte da nossa caminhada, motivando-nos na comunidade da Igreja. "Na escola dos Sacramentos, aprendemos sempre, e de novo, a transformar os dias desta vida temporal em antecipação da eternidade; e as obras desta vida em experiência de um amor como início e antegozo da vida eterna – que somente o Espírito Santo é capaz de derramar no coração dos seres humanos" (Forte, 1996, p. 112). Os sacramentos remetem à fidelidade aqui na terra, que se encontra vinculada à fidelidade no céu.

A imagem iniciadora da Igreja ressalta que toda ação sacramental não procede dos recursos e da iniciativa humana, mas é obra de Deus. A salvação, a entrada na comunhão trinitária não é auto-outorgada, visto que se recebe gratuitamente do único Deus e Salvador. Esses princípios revelam os significados dos ministérios na Igreja: dos ordenados, dos não ordenados, dos membros da comunidade, dos pais, dos padrinhos e dos catequistas. É a vertente missionária dos sacramentos: a missão de continuar a própria missão do Cristo, ou seja, salvar.

Os sacramentos são, portanto, aquele encontro concreto para o qual encaminha a palavra da fé, quando convida os fiéis a "ir" e "ver" a fim de experimentar a presença de Jesus. A raiz dessa ideia se encontra em João, Capítulo 1, versículo 38, quando os discípulos perguntam: "'Mestre, onde moras?' Jesus responde a eles: 'Vinde e vede'". Assim, tudo o que é visível na pessoa de Jesus ao longo dos anos passou a ser considerado sacramento pela Igreja.

Síntese

A visão sacramental da Igreja – no sentido de que esta é instrumento da atuação de Deus e sacramento do Reino de Deus – está intimamente ligada a uma concepção de fé bem pessoal e social: a Igreja não é só a comunidade dos libertos, mas também uma espécie de comunidade de interpretação, a comunidade daqueles que, capacitados pelo mesmo Espírito, estão em condições de concordar entre si na interpretação de sinais religiosos. A Igreja se torna o sacramento de salvação quando confirma, reafirma e age nesse sacramento que é o próprio Corpo de Cristo celebrado.

Assim, é Cristo que age em todos os sacramentos. Com Cristo, a ação é realizada, de fato, pelo poder de Deus, mas também pela disposição de quem os recebe. A Igreja tem, portanto, uma missão da qual já está participando ao conduzir os fiéis ao mistério pascal: a salvação para a vida eterna.

Indicação cultural

PAULO RICARDO, Padre. O que é "economia sacramental"? Disponível em: <https://www.youtube.com/watch?v=rw_RDymd2jc>. Acesso em: 5 mar. 2018.
A economia sacramental da Igreja significa o que Deus faz na história para nos salvar. A palavra grega *oikos* significa "a casa". Para pôr ordem na casa – a humanidade –, Deus escolhe um povo específico para nos salvar. Então, Ele toma a atitude de marcar sua presença por intermédio de Jesus; depois, por meio dos sacramentos, ele tenta nos salvar. A Igreja é um lugar onde Deus se torna visível pelos sacramentos.

Atividades de autoavaliação

1. O fenômeno das comunidades cristãs evoluiu durante o período apostólico e deu origem aos diversos conceitos teológicos, conforme as situações de vida. Portanto, é correto dizer que as imagens eclesiológicas neotestamentárias da Igreja são:
   a) Igreja como povo de Deus, corpo de Cristo e templo do Espírito Santo; Igreja como casa de Deus assentada no fundamento apostólico; e Igreja como discipulado fraterno universal.
   b) Igreja como povo de Deus; Igreja como templo de Deus; e Igreja como caminhada do povo.
   c) Igreja somente como povo de Deus.
   d) Igreja organizada conforme a liderança do Vaticano.

2. Assinale a definição mais próxima de *essência da Igreja*.
   a) A essência da Igreja consiste somente na profissão do Credo.
   b) A Igreja não tem essência, ela é simplesmente continuidade de Jesus.
   c) A essência da Igreja consiste, por um lado, na profissão do fiel no Credo e na Santa Igreja católica e apostólica e, por outro, no reconhecimento da Igreja como santa e pecadora.
   d) A essência da Igreja consiste na profissão na Igreja santa, católica e apostólica.

3. Sobre as formas de vivenciar os sacramentos, conforme indicado no Concílio Vaticano II, analise os itens a seguir.
   I. Vivenciar com responsabilidade e espírito de solidariedade.
   II. Vivenciar como Igreja e como povo de Deus.
   III. Vivenciar a intimidade sob efeito da graça.
   IV. Vivenciar os sacramentos numa forma individual e no grupo.

É correto dizer que essas formas estão contidas em:
a) I e II.
b) I e III.
c) II e III.
d) III e IV.

4. De acordo com o Concílio Vaticano II, a Igreja é:
   a) mistério da fé e da comunidade de pessoas dispersas.
   b) mistério da fé e, ao mesmo tempo, realidade empírica.
   c) templo de Salomão e realidade empírica.
   d) infinita e ninguém pode alcançá-la.

5. Leia com atenção as afirmações a seguir e assinale V para verdadeiro e F para falso:
   ( ) A distribuição do espaço celebrativo (santuário e nave central) se encontra organizada no trinômio *altar, sede* e *púlpito*.
   ( ) A distribuição do espaço celebrativo não abrange os lugares característicos do sacrifício eucarístico, da presidência e do povo de Deus.
   ( ) Não existe o espaço celebrativo dentro da Igreja.
   ( ) Não existe distribuição do espaço dentro da Igreja, pois toda a Igreja é sagrada.

   Assinale a alternativa que apresenta a sequência correta:
   a) V, F, F, F.
   b) F, V, F, F.
   c) V, F, V, F.
   d) F, F, V, F.

Atividades de aprendizagem

Questões para reflexão

1. O que é a Igreja? Apresente suas diversas imagens.

2. O que se faz dentro de uma Igreja? Ele é capaz de preservar os sacramentos?

Atividades aplicadas: prática

1. O Santuário Nacional de Aparecida é um lugar sagrado para os católicos. Faça uma entrevista com oito pessoas que já visitaram a catedral basílica e, com base nas respostas delas, componha um texto de duas laudas com suas reflexões.

2. Visite uma igreja de sua cidade e observe nela a distribuição do espaço sagrado, especialmente o santuário e a nave central. Registre suas impressões.

6
Conceituação e rito litúrgico dos sete sacramentos[1]

---
1 Todas as passagens bíblicas indicadas neste capítulo são citações de Bíblia (2002).

Neste capítulo, enumeramos e analisamos as formas como os sacramentos são celebrados dentro da Igreja. Para tal caminho, consideramos os sete sacramentos de maneira geral e depois os repartimos em três grupos específicos: o primeiro abrange os sacramentos da iniciação (Batismo, Confirmação e Eucaristia), resgatando sua história, seu desenvolvimento e sua estrutura celebrativa; o segundo compreende os sacramentos de cura (Penitência e Unção dos Enfermos), considerando-se os sentidos e os efeitos deles; e o terceiro abrange os sacramentos a serviço da comunidade (Ordem e Matrimônio), que envolvem complexos rituais e estruturas específicas. Para finalizar, apresentamos alguns símbolos sacramentais e uma tabela para visualizar sucintamente todos os sacramentos.

A vida do cristão na Igreja Católica encontra-se marcada por alguns sacramentos; eles são a dimensão celebrativa do mistério pascal, que se atualiza na vida do povo de Deus. O mistério pascal de Cristo é o centro da história da salvação e, por isso, constitui o objeto principal da liturgia. Ele envolve toda a vida de Cristo e a de todos os cristãos. Por nosso serviço e nosso amor, como também pelo oferecimento de nossas provas e sofrimentos, participamos do único sacrifício de Cristo por meio dos sacramentos.

Neste capítulo pretendemos, então, oferecer uma abordagem litúrgica dos sacramentos por meio de uma iniciação adequada que lhe permita, leitor, compreender os sagrados ritos e deles participar, com toda a alma, seja celebrando os sagrados mistérios, seja praticando exercícios de piedade, permeados pelo espírito da Sagrada Liturgia (SC, n. 17).

6.1 Compreensão geral dos sete sacramentos

A Igreja Católica dispõe de sete grandes celebrações que acompanham a vida e o desenvolvimento humano, às quais se convencionou denominar *sacramentos*. Por meio deles, festejam-se acontecimentos da vida de indivíduos ou da comunidade, ligando-os a eventos do passado, seja do Antigo Testamento, seja do Novo Testamento, da vida de Jesus Cristo ou dos primeiros cristãos.

Cada sacramento se define por aquilo que realiza:

1. o Batismo, pela conversão e pela entrada do crente na comunidade;
2. a Penitência ou Confissão, pelo reconhecimento dos erros e pecados, para se recomeçar a caminhada;
3. a Eucaristia, pela participação na morte e ressurreição de Cristo;

4. a Crisma ou confirmação, pela maturidade do jovem, que assume seus compromissos de cristão, como serviço;
5. a Ordem, pelo serviço sacerdotal;
6. o Matrimônio, pelo início de uma vida a dois;
7. a Unção dos Enfermos, pela consolação do doente ou do idoso.

Como podemos observar, cada sacramento acompanha uma etapa da vida humana, todas geralmente importantes e decisivas. O nascimento de uma criança ou aconversão de um adulto, a entrada na adolescência, os erros e os sentimentos de culpa, a decisão por uma vida celibatária ou a dois, a velhice e a doença, a morte de um ente querido, o dia a dia numa comunidade ou na sociedade carregam consigo sem dúvida algumas crises. Os sacramentos as sacralizam, assumem-nas, ao apelar a Deus e emitem a graça, a salvação, a remissão e a libertação.

O que são os sacramentos na realidade da vida de cada cristão? Que vivências concretas envolvem, expressam e alimentam? As respostas a essas perguntas revelam a importância deles no desenvolvimento da vida do cristão. A princípio, a vida cristã se reduz a: "uma doutrina (catecismo) em que é preciso crer e que é preciso aprender; alguns ritos religiosos chamados Sacramentos que é preciso receber e praticar; certos comportamentos morais que é preciso 'necessariamente' aceitar?" (Galindo, 1999, p. 5). A celebração sacramental deve oferecer aos cristãos determinadas vivências nas quais possam reafirmar a fé, crescer e amadurecer na vida cristã tornando-se, de fato, filhos de Deus.

6.2 Sacramentos de iniciação

Já referimos que os sacramentos da iniciação cristã são: o Batismo, que é o início da vida em Cristo; a Confirmação, que dá fortaleza e plenitude a essa vida; e a Eucaristia, que nos alimenta com o Corpo e o Sangue de Cristo, para nos unir a Ele, transformando-nos até nos identificarmos com Ele. Encontramos os ritos de iniciação em quase todas as religiões – não somente nas "mistéricas", mas especialmente nas primitivas. O indivíduo, por meio deles, é introduzido na comunidade e na posse de todo o patrimônio de que ela dispõe.

Batismo-Confirmação-Eucaristia formam um só conjunto sacramental. Santo Agostinho (citado por Augé, 2007, p. 111) exprimiu com grande força de imagens a dinâmica que une os três gestos sacramentais da iniciação:

> "colocados no celeiro", no momento da entrada no catecumenato, durante todo este período, fostes "moídos com os jejuns e os exorcismos", depois viestes à "fonte batismal" para aqui serdes "embebidos pela água"; depois fostes "cozidos pelo Espírito Santo" e vos tornastes "pão do Senhor". Sede, pois, aquilo que vedes e recebei aquilo que sois.

Nos primeiros séculos da Igreja, a iniciação cristã era feita de forma progressiva, tendo o seu fulcro nos três ritos sacramentais administrados numa única celebração. Em seguida, vários fatores contribuíram para os ritos serem separados até se alterar a ordem da celebração.

Na época apostólica, encontramos o sequencial dos ritos de iniciação: o anúncio da salvação doada em Jesus, o crucificado, ressuscitado (At 2,22-36); como aponta Matias (citado por Augé, 2007, p. 112), "o pedido por parte dos que se abriram para a fé, e a resposta de Pedro que exige conversão; o Batismo no nome de Jesus Cristo e o recebimento do dom do Espírito". A pregação dos apóstolos é geralmente seguida pela conversão e pela recepção dos sacramentos.

6.2.1 Batismo

Jesus enviou os Seus a anunciarem a Boa Nova e a batizarem: "Ide, portanto, e fazei que todas as nações se tornem meus discípulos, batizando-as em nome do Pai e do Filho e do Espírito Santo e ensinando-as a observar tudo quanto vos ordenei. Eis que eu estarei convosco todos os dias, até ao fim do mundo" (Mt 28,19-20). O Batismo com a água em nome da Santíssima Trindade é o ato desejado pelo Senhor para dar vida nova àqueles que abriram sua alma para a palavra viva. Essa vida nova brota da participação na morte e ressurreição de Jesus, tornada presente no Batismo, mediante o símbolo da água, que tanto é elemento de destruição como fonte indispensável de vida.

O modo antigo de celebrar o Batismo era a tríplice imersão e a interrogação sobre a fé nas três Pessoas da Trindade; sempre estava ligado à Páscoa. Posteriormente, desvinculado desta, o Batismo dos recém-nascidos se tornou a única praxe batismal. Mais tarde, passou a haver uma divisão clara entre o rito para os adultos e o para crianças.

A celebração do Batismo dos adultos atualmente é preparada com a bênção da água, cujo texto proclama o dom da salvação, que nos foi comunicada por meio de uma história que culmina no mistério pascal de Cristo e na escolha da água para executá-lo sacramentalmente. Também foram acrescentadas a renúncia e a profissão de fé por parte dos adultos que recebem o sacramento. Havia também o momento central constituído pela ablução com a água (imersão ou infusão), que simboliza a participação mística na morte e ressurreição de Cristo. A realidade comunicada pelo Batismo, representada pela veste branca e pela vela acesa, indica a nova dignidade conferida e a luz recebida.

A celebração do Batismo das crianças estrutura-se em quatro momentos – ritos de acolhida, liturgia da Palavra, liturgia do sacramento e ritos de conclusão –, apresentados numa forma adequada pelo teólogo Matias (citado por Augé, 2007, p. 123, grifo nosso):

> O **rito de acolhida** acontece na entrada da Igreja: normalmente o celebrante recebe a família com a criança dirigindo-lhes a pergunta sobre o nome que darão à criança; sobre o que eles pedem a Igreja, sobre a vontade deles de assumir as obrigações da educação cristã da criança. O diálogo termina com o sinal da cruz na fronte da criança. A criança é marcada com o sinal de Cristo, agora pode entrar com a família na Igreja.
>
> A **liturgia da Palavra** inclui as leituras bíblicas, a homilia e a oração dos fiéis, e termina com o óleo dos catecúmenos. A escolha das leituras será relacionada à celebração do Batismo.
>
> A **liturgia sacramental** inclui a oração da bênção da água, ou de ação de graças sobre a água já benta; a tríplice renúncia e a tríplice profissão de fé; a manifestação da vontade de batizar as crianças na fé da Igreja; a ablução com água, a unção com o crisma (sinal da inserção em Cristo, sacerdote, rei e profeta); a entrega da veste branca (sinal da nova dignidade recebida); entrega da vela acesa (sinal da luz de Cristo ressuscitado, que ilumina o cristão) e a abertura dos ouvidos e da boca dos batizados (expressão da habilitação comunicada pelo Batismo para ouvir a palavra de Deus e professar a fé).
>
> O **rito final** relembra e resume as etapas da iniciação cristã, a recitação da oração do Senhor e a bênção sobre os pais (uma fórmula para a mãe do batizado e uma para o pai) e para todos os presentes.

Os efeitos do Batismo

A celebração batismal sempre busca oferecer um suporte adequado para a vivência cristã. O propósito é que o batizado de fato se sinta acolhido pela comunidade cristã e cresça elaborando suas atividades com responsabilidade. Seguem alguns efeitos do Batismo.

a. **Apaga o pecado original.** Pelo Batismo, Deus perdoa e destrói o pecado original com o qual todos nascemos; quando aquele que é batizado é adulto, apaga também todos os pecados pessoais, assim como a pena por eles devida, de tal maneira que se o recém-batizado morrer, irá diretamente para o céu.
b. **Infunde a graça santificante.** Pelo sacramento do Batismo, Deus infunde na alma a graça santificante – que é uma participação na natureza divina – com as virtudes teologais e os dons do Espírito Santo. Com esses dons, a alma faz-se dócil e pronta aos impulsos do Espírito. Pela graça, Deus Pai, Deus Filho e Deus Espírito Santo estabelecem sua morada na alma, que é templo do Divino Espírito Santo.
c. **Confere caráter sacramental.** Outro efeito é o caráter, ou seja, certo sinal espiritual e indelével que só pode ser recebido uma vez. O caráter batismal configura a Cristo, dá uma participação em seu sacerdócio e capacita para continuar no mundo a missão d'Ele como discípulos.
d. **Incorpora a Jesus Cristo.** Tanto a graça como o caráter são efeitos sobrenaturais do Batismo que nos unem a Cristo, como se unem os membros do corpo com a cabeça. Cristo é nossa Cabeça, e o caráter nos vincula a Ele para sempre; a graça, por sua vez, nos faz membros vivos.
e. **Incorpora à Igreja.** Pelo Batismo, nos convertemos em membros da Igreja, com direito a participar na Sagrada Eucaristia e a receber os demais sacramentos; sem ele, não se pode receber nenhum outro. A Igreja é o corpo místico de Cristo; o Batismo nos incorpora a Cristo, que é a Cabeça, e a seu corpo, que é a Igreja[2].

Normalmente, o Batismo é administrado pelo sacerdote – ou pelo diácono, com a permissão do pároco –; porém, em caso de necessidade,

---

[2] Os efeitos do Batismo apresentados no texto encontram-se numa forma detalhada em Pujol Balcells e Sanches Biela (2003).

qualquer pessoa pode fazê-lo. Dessa forma, até uma pessoa não batizada, que tenha a intenção de fazer o que faz a Igreja e o faça corretamente, batiza validamente. Em essência, o modo de administrar o sacramento é muito simples: derrama-se a água natural sobre a cabeça, dizendo, com intenção de batizar: "Eu te batizo em nome do Pai e do Filho e do Espírito Santo". Na cerimônia do Batismo, existem diversos ritos, mas o essencial é derramar a água e, ao mesmo tempo, pronunciar essas palavras.

As obrigações que esse sacramento impõe quando administrado às crianças são respondidas pelos pais e padrinhos do neófito; mas o cristão adulto, como já sabe os efeitos dele na alma, deve responder por si mesmo e estar firmemente disposto a viver como batizado. "Esta resposta pode concretizar em fazer atos explícitos de fé (recitando o Credo, por exemplo), propondo-se guardar a Lei de Jesus Cristo e de sua Igreja e renunciando para sempre ao demônio e ás suas obras, como se faz na Vigília pascal, ao renovar as promessas do batismo" (Arquidiocese de Campinas, 2012).

6.2.2 Confirmação

Com o crescimento na vida cristã, acrescenta-se ao Batismo uma comunicação especial do Espírito Santo, que se realiza mediante a oração e a imposição das mãos por parte dos apóstolos, constituindo uma confirmação e renovação do dom recebido, com vistas ao testemunho e ao serviço a serem prestados: trata-se do sacramento da Confirmação. O Livro dos Atos dos Apóstolos nos dá testemunho dessa efusão do Espírito Santo realizada sobre aqueles que "somente haviam sido batizados: quando, porém, acreditaram em Felipe, que lhes anunciava a Boa Nova do Reino de Deus e do nome de Jesus Cristo, homens e mulheres faziam-se batizar" (At 8,11-12).

O modo antigo de administração da Confirmação era conferi-la mediante a imposição da mão com uma fórmula que exprimia os sete dons do Espírito Santo e com a unção. Mas o *Ordo confirmationis* foi precedido pela constituição apostólica *Divinae Consortium Naturae*, de Paulo VI, na qual se reevocaram alguns princípios doutrinais (unidade da confirmação com todo o ciclo da iniciação, seu significado e efeito) e estabelecido o rito essencial do sacramento, que consiste na unção crismal e nas palavras que o acompanham. O Catecismo da Igreja Católica (CIC, n. 1319) faz referência à fé e à responsabilidade do confirmando, dizendo que "deve haver a intenção de receber o Sacramento e estar preparado para assumir [...] de discípulo e de testemunha de Cristo, na comunidade eclesial e nos assuntos temporais" (CNBB, 1993, p. 316).

A confirmação é conferida normalmente durante a missa, para que apareça mais claramente a íntima relação desse sacramento com toda a iniciação cristã, que atinge o ponto culminante na participação na Eucaristia. Na liturgia da Palavra, o conjunto das leituras apresenta a ação do Espírito Santo na fase do anúncio ou da promessa e na fase do cumprimento, antes em Cristo, e depois, na comunidade apostólica, ou seja, na Igreja.

Após a proclamação do Evangelho, os crismandos são apresentados ao bispo, que lhes dirige a homilia, explicando o sentido da celebração. A liturgia propriamente dita do sacramento segue nesta sequência:

1. **Renovação das promessas do Batismo**: Estabelece uma ligação entre o Batismo e a Confirmação e implica a renúncia ao pecado e a profissão de fé.
2. **Imposição das mãos**: Envolve a oração epiclética, acompanhada do gesto, que tem duas funções: (1) a chamada ao Batismo dos candidatos no seu efeito libertador e regenerador, por meio da água e do Espírito; e (2) o pedido de uma plena efusão do Espírito Paráclito com os seus sete dons. O gesto da imposição das mãos, embora seja

o único sinal sacramental usado nessa circunstância pelos apóstolos, não pertence à essência do sacramento.
3. **Crisma**: O bispo molha o polegar no óleo da crisma e traça o sinal da cruz na fronte do candidato, impondo-lhe a mão e pronunciando as palavras: "Recebe por este sinal o Espírito Santo, o dom de Deus".
4. **Final**: A saudação da paz encerra o rito. No fim da missa, estão previstas uma bênção solene e uma oração ao povo.

Os efeitos da Confirmação

A invocação do dom do Espírito na Confirmação acrescenta o sinal da imposição das mãos para indicar que o Senhor toma posse do crismado, o qual é convidado a se tornar testemunha, pois ele foi perdoado e transformado em nova criatura e, portanto, tem a obrigação de anunciá-Lo a todos com a Palavra e com a vida. Tendo sido admitido a fazer parte do novo povo de Deus, o crismado deve ser atuante e corresponsável, assumindo com os outros o ministério do reino de justiça e de paz, já iniciado, mas ainda não plenamente consumado. Assim, percebemos que, por meio da crisma, a força de Deus age na forma do Espírito Santo no crismado.

6.2.3 Eucaristia

A Eucaristia é o ápice e a fonte de toda a vida da Igreja; é o sacramento da união dos seres humanos com Deus e entre si. Na Santa Ceia, o Senhor se torna presente na história, da maneira mais completa, congregando o Seu povo: é a Eucaristia que faz a Igreja. Simultaneamente, nessa celebração a Igreja invoca o dom de Deus, abrindo-se para recebê-Lo com a humilde acolhida de louvor: é a Igreja fazendo a Eucaristia. Na celebração eucarística, "a Igreja se manifesta na plenitude da sua essência, atual e escatológica; dela toma impulso e nela, encontra força e remete a sua missão evangelizadora" (Augé, 2007, p. 131).

O ponto de partida para compreender a celebração desse sacramento são os dados bíblicos. Jesus, antes da Páscoa, celebrou com os discípulos a Última Ceia, numa refeição de despedida, dentro do contexto de um banquete pascal hebraico. Nela recordavam-se as maravilhas, especialmente a Aliança estabelecida por Deus na história. Era uma celebração da recordação de uma "memória" que Jesus confia Seus discípulos: o memorial da Nova Aliança firmada mediante Seu sacrifício pascal, que a ceia misteriosamente anuncia e antecipa. Essa ceia é o fundamento da prática eucarística dos cristãos.

Estrutura da Eucaristia

A estrutura contemporânea da celebração eucarística apresenta quatro aspectos principais: rito de introdução, liturgia da Palavra, liturgia eucarística e rito de conclusão. Detalharemos cada um desses aspectos a seguir.

Ritos iniciais

A missa começa com o canto de entrada, durante o qual o celebrante e outros ministros entram em procissão até o altar, que o celebrante reverencia com um beijo. O altar é um símbolo de Cristo no coração da assembleia, por isso merece essa reverência especial. Todos fazem o sinal da cruz e o celebrante estende uma saudação ao povo reunido com palavras da Escritura.

Segue o ato penitencial, em que os fiéis lembram seus pecados e são perdoados com o canto do perdão e a absolvição. O canto do Glória começa a ecoar relembrando o coro dos anjos no nascimento de Cristo – "Glória a Deus nas alturas! [...]" –, apontando, na oferta de louvor e adoração, ao Pai e a Jesus, por meio do Espírito Santo.

Os ritos introdutórios são concluídos com a oração do dia ou de coleta, também chamado de *recolher*. O celebrante convida a assembleia reunida a orar em silêncio, colocar as intenções e, em seguida, proclama a oração do dia. A oração de abertura dá um contexto para a celebração.

A liturgia da Palavra

A liturgia da Palavra é composta pela leitura da Sagrada Escritura. Aos domingos e em solenidades fazem-se três leituras. Durante a maior parte do ano, a primeira leitura é do Antigo Testamento, e a segunda é de uma das cartas do Novo Testamento. Durante o tempo pascal, a primeira leitura é retirada dos Atos dos Apóstolos, que conta a história da Igreja em seus primeiros dias. A terceira leitura é sempre extraída de um dos quatro Evangelhos. Na liturgia da Palavra, a Igreja alimenta o povo de Deus da Sagrada Escritura (cf. Constituição sobre a Sagrada Liturgia, n. 51). O salmo responsorial é cantado entre as leituras para ajudar a meditar na Palavra de Deus. As leituras seguem com a homilia do celebrante, que contextualiza a Sagrada Escritura aos tempos atuais. Após a homilia, segue o Credo, para firmar a fé em Deus e na tradição da Igreja, culminando com as preces da assembleia.

A liturgia eucarística

A liturgia eucarística começa com a preparação dos dons e do altar. Enquanto os ministros preparam o altar, os representantes da assembleia, em procissão, apresentam o pão e o vinho, que se tornam o Corpo e o Sangue de Cristo. O celebrante abençoa esses presentes, louva a Deus por eles e os coloca no altar. A seguir, começa a oração eucarística, que é uma das partes importantes da liturgia eucarística. Nessa oração, o celebrante atua na pessoa de Cristo, como Cabeça do Corpo, a Igreja. Ele reúne não só o pão e o vinho, mas também a substância das nossas vidas para o sacrifício perfeito de Cristo, oferecendo-lhes ao Pai. Após um breve diálogo introdutório, o celebrante começa o prefácio que contém as ações maravilhosas de Deus ao longo da história e em nossas vidas com o canto do louvor, o canto do Santo.

Outra grande parte da oração eucarística é a epiclese, em que o celebrante pede ao Pai para enviar o Espírito Santo sobre os dons do pão e do vinho, a fim de que, mediante o poder do Espírito Santo, tornem-se o Corpo e o Sangue de Cristo. Esse mesmo Espírito transforma os participantes da liturgia para que cresçam em sua unidade com o outro, com toda a Igreja e com Cristo.

A oração eucarística continua com a narrativa da instituição e com a consagração e se encerra com a doxologia. O celebrante faz a oração por meio de, em e com Cristo, em união com o Espírito Santo e apresenta-O a Deus, o Pai. As pessoas respondem com o grande "Amém", como afirmação alegre de sua fé e participação nesse grande sacrifício de louvor.

O rito de comunhão se segue à oração eucarística, conduzindo os fiéis à mesa eucarística. O ritual começa com a oração do Pai-nosso, que o próprio Jesus ensinou aos discípulos quando perguntaram a Ele como rezar (cf. Mt 6,9-13, LC 11,2-4). Segue o rito da paz, no qual o celebrante proclama que a paz de Cristo enche nossos corações, nossas famílias, nossa igreja, nossas comunidades e nosso mundo. Como um sinal de esperança, as pessoas estendem as mãos para aqueles que estão em torno dela como sinal de paz, normalmente apertando as mãos.

No rito de fração, o celebrante divide o pão consagrado, enquanto o povo canta o *Agnus Dei*, ou Cordeiro de Deus. Por ser a partilha na mesa eucarística um sinal de unidade no Corpo de Cristo, os fiéis são convidados a receber a comunhão, que implica a unidade – que existe. As pessoas aproximam-se do altar e, curvando-se com reverência, recebem a comunhão – o Corpo de Cristo – que pode ser recebida na língua ou na mão. O sacerdote ou outro ministro oferece a Eucaristia para cada pessoa dizendo "O Corpo de Cristo". A pessoa que recebe, responde "Amém" – uma palavra hebraica que significa "assim seja", conforme indica o Catecismo da Igreja Católica, em seu parágrafo 2856 (CNBB, 1993).

Os ritos finais

O rito de conclusão inicia-se com a oração de agradecimento e, em seguida, normalmente os anúncios são realizados. O celebrante abençoa o povo.

Muitas vezes, a bênção é muito simples. Em dias especiais, pode ser mais extensiva; em todos os casos, sempre se conclui com a fórmula "em nome do Pai, do Filho e do Espírito Santo". Em seguida, o celebrante despede o povo. Na verdade, a despedida dá à liturgia o seu nome: as pessoas são despedidas com a expressão *"Ite, missa est"* ("Vai, você é enviado"). A palavra *missa* vem do latim *missio*, que significa "ação de enviar, missão". A liturgia não termina com o fim da missa; em verdade, os fiéis são enviados para levar os frutos da Eucaristia para o mundo[3].

Assim, percebemos que os sacramentos da iniciação nos levam a saborear o mistério de Cristo, numa caminhada progressiva e gradual, dividida em etapas, que alimenta e celebra a fé. Esse progresso gradual é motivado, antes de tudo, pela situação histórica do ser humano, que, em todas as coisas, exige esforço e paciência para levá-las a termo: assim também na vida do redimido, a conscientização do dom recebido só se desenvolve por etapas e degraus, à medida que vai sendo conquistado por Cristo, com o crescimento da fé, da esperança e do amor. Como diz Forte (1996, p. 37- 38):

> principalmente, a condescendência divina que justifica a exigência de uma iniciação: Deus, que não violenta a sua criatura, ingressa no tempo e admite historicizar o seu amor, mediante uma caminhada progressiva que, através da rotineira vivência de cada pessoa renove as maravilhas da história da "salvação".

---

3 Toda a estrutura pode ser conferida de forma ampla no seguinte *site*: USCCB – United States Conference of Catholic Bishops. **The Structure and Meaning of the Mass**. The Mass: Structure and Meaning. Disponível em: <http://www.usccb.org/about/public-affairs/backgrounders/structure-and-meaning-of-the-mass-backgrounder.cfm>. Acesso em: 30 nov. 2017.

6.3 Sacramentos de cura

Por meio dos sacramentos da iniciação cristã, o ser humano recebe vida nova em Cristo. Esta permanece invisível com Cristo em Deus em razão de nossa morada terrena, que é sujeita ao sofrimento, à doença e à morte. A vida nova de filhos de Deus pode ser enfraquecida e até perdida por causa do pecado. No nível pessoal, os cristãos que encontraram Jesus nos sacramentos da iniciação continuam a se reconhecer falíveis e até podem experimentar alguma queda; também passam a conviver com limitações, inclusive enfermidades, e enfrentam a morte. Como afirma São Paulo: "Somos atribulados de todos os lados [...]" (2Cor 4,8). Essas necessidades são determinadas por situações típicas da condição humana, marcada com o pecado original. (Os sete..., 2018).

Os sacramentos de cura, que são Reconciliação, ou Penitência, e Unção dos Enfermos, socorrem a pessoa em sua fragilidade, nas situações de pecado ou de doença, com o poder terapêutico da graça divina, no mais íntimo do coração. No plano social, como afirma Forte (1996 p. 66),

> o cristão sente o cansaço de sua situação histórica. Por um lado, a comunidade precisa ser preservada e crescer na união, contra as constantes tentativas do individualismo e das divisões. Por outro lado, o relacionamento interpessoal exige um destaque mais específico no relacionamento conjugal, que constitui a aliança nupcial, fundamento da família e da sociedade, contra o perigo da solidão egoísta e dos problemas da comunicação.

6.3.1 Penitência

A princípio, esse sacramento carrega diversos nomes em virtude dos múltiplos significados que contém, e talvez seja aquele que, mesmo mantendo sua essência, tenha experimentado mais mudanças em sua nomenclatura. Foi denominado *Penitência, Conversão, Confissão, Perdão* e *Reconciliação*. Todos os termos apontam, sutilmente, para o retorno do cristão perdido ou caído. O teólogo Matias (citado por Augé, 2007, p. 197, grifo nosso) apresenta os significados de cada designação:

> Ele é chamado **Sacramento da Conversão**, porque realiza sacramentalmente o apelo de Jesus à conversão e o esforço de regressar à casa do Pai, da qual o pecador se afastou pelo pecado.
>
> Ele também é chamado **Sacramento da Penitência**, porque consagra uma caminhada pessoal e eclesial de conversão, de arrependimento e de satisfação por parte do cristão pecador.
>
> Também é chamado **Sacramento da Confissão**, porque o reconhecimento, a confissão dos pecados perante o sacerdote é um elemento essencial deste sacramento. Num sentido profundo, este sacramento é também uma confissão, reconhecimento e louvor da santidade de Deus e da sua misericórdia para com o homem pecador.
>
> É considerado como **Sacramento do Perdão**, porque, pela absolvição sacramental do sacerdote, Deus concede ao penitente o perdão e a paz.
>
> Por fim, chamado **Sacramento da Reconciliação**, porque dá ao pecador o amor de Deus que reconcilia: "Deixai-vos reconciliar com Deus" (2Cor 5,20). Aquele que vive do amor misericordioso de Deus está pronto para responder ao apelo do Senhor: "Vai primeiro reconciliar-te com teu irmão" (Mt 5,24).[4]

Ao longo de nossas jornadas, em nossas experiências pessoais, muitas vezes, erramos o caminho, tropeçamos, nos desviamos e, por vezes,

---

[4] Também é possível conferir mais informações sobre esse assunto em: A CELEBRAÇÃO do mistério cristão. Segunda parte. Segunda seção. Os sete sacramentos da Igreja. Disponível em: <http://www.vatican.va/archive/cathechism_po/index_new/p2s2cap1_1420-1532_po.html>. Acesso em: 23 fev. 2018.

incentivamos outros a também se desviarem. No entanto, Deus em Sua misericórdia nos reconduz. É com essa benevolência que Deus se faz presente no sacramento da Penitência, permitindo-nos nos reconciliar com Ele (Cação Nova, 2018b).

Como seres imperfeitos e pecadores, muitas vezes deixamos que o pecado entre em nossa vida e nos afaste do Pai. Isso acontece porque o pecado original deixou sequelas na humanidade. A Confissão tem o poder de curar essas sequelas, pois é um sacramento de cura, proporcionada pelo perdão. Para isso, há três condições imprescindíveis (Canção Nova, 2018a):

1. Arrependimento: Acontece quando percebemos que erramos e entendemos que não deveríamos ter feito o que fizemos.
2. Exame de consciência: Refere-se à atitude de refletir sobre as condutas adotadas desde a última confissão.
3. Propósito: Relaciona-se ao desejo de não mais pecar, com o objetivo de buscar a santidade.

Muitos fiéis se questionam por que devem se confessar com um sacerdote se poderiam fazê-lo diretamente com Deus. A resposta está nas Escrituras Sagradas, quando Jesus, dirigindo-se a Seus apóstolos disse: "Àqueles a quem perdoardes os pecados, ser-lhes-ão perdoados; àqueles a quem os retiverdes, ser-lhes-ão retidos" (Jo 20,23). Assim, os sacerdotes são instrumentos de Deus para a concessão do perdão. É o Pai que perdoa e comunica esse perdão e conforta o coração do fiel pela voz do sacerdote (Canção Nova, 2018a).

O Concílio Vaticano II estabeleceu uma orientação clara sobre o rito de Penitência: "sejam revistos o rito e as fórmulas da penitência, de forma que exprimam mais claramente a natureza e o efeito do sacramento" (Augé, 2007, p. 196). O rito de celebração atual apresenta-se conforme o novo *Ordo penitentiae*, promulgado dia 2 de dezembro de 1973, em três diferentes formas, como indicado a seguir (Augé, 2007):

1. **Rito de Reconciliação de penitentes individuais**
   - Acolhida do penitente (sinal da cruz, convite à confiança em Deus);
   - Liturgia da Palavra, que é facultativa;
   - Confissão dos pecados e aceitação da penitência ou satisfação;
   - Oração do penitente, que é o ato de contrição e absolvição do sacerdote, tendo as mãos (ao menos a mão direita) estendidas sobre a cabeça do penitente e traçando o sinal da cruz sobre ele;
   - Agradecimento e despedida.
2. **Rito de Reconciliação de vários penitentes com confissão e absolvição individual**
   - Ritos iniciais (canto, oração, saudação);
   - Liturgia da Palavra (leituras, salmo ou canto, homilia, silêncio para o exame de consciência);
   - Rito da reconciliação (fórmula da confissão geral, recitação da ladainha, oração do Pai-nosso, confissão e absolvição individual);
   - Agradecimento, bênção e despedida.
3. **Rito de Reconciliação de vários penitentes com confissão e absolvição geral**

O esquema do rito é idêntico ao da Reconciliação com vários penitentes. A principal diferença é que a confissão e a absolvição individuais são substituídas pela confissão geral e pela absolvição coletiva. Essa forma celebrativa, no entanto, é permitida somente quando observadas rígidas normas disciplinares.

Os aspectos comuns às três fórmulas são: a evidência da relação entre a Palavra de Deus e a penitência; o destaque sobre o contexto eclesial da reconciliação; e a densidade dos textos doutrinais, especialmente da fórmula da absolvição.

Sentido teológico da celebração da Penitência

O momento mais significativo da Reconciliação abrange a confissão dos pecados por parte do penitente e a oração na qual ele manifesta sua contrição. Isso acontece por meio dos conselhos sobre a reparação e a imposição das mãos do sacerdote sobre a cabeça do penitente, com a recitação da fórmula de absolvição. Alguns elementos são considerados necessários para a celebração da Penitência: contrição, confissão, satisfação e absolvição. O sacramento se realiza com os gestos e as palavras do ministro, mas o penitente deve, antes de tudo, converter-se de coração a Deus. Para entrar no processo de reconciliação, seus atos precisam ser cumpridos na fé, como aceitação de um julgamento sobre a própria vida, à luz da Palavra de Deus, e como decisão acerca do próprio futuro, na direção da vontade do Pai. Dessa forma, como afirma Augé (2007, p. 199): "os atos para a mudança de vida se transformam em momentos da história da salvação, em diálogo com Deus, e adquirem o seu valor cristão na perspectiva pascal-pentecostal, evocada pela fórmula da absolvição".

O sentido da teologia litúrgica do sacramento da Reconciliação seria trinitário, pascal e eclesial, e pode ser abordado em dois pontos focais diferentes, porém ligados entre si: (1) o sentido eclesial da Penitência e (2) o aspecto de celebração da Penitência.

O sentido eclesial é a recuperação de uma ideia de que a Penitência faz parte da Revelação. Nas Escrituras, esse sacramento apresenta-se como atitude fundamental e necessária da Igreja. Esta, apesar de estar santificada por Cristo, é, ao mesmo tempo, pecadora e, por conseguinte, acha-se em tensão, numa busca de purificação que sempre se expressa na vida e se celebra em sua liturgia. Entretanto, toda a obra de Reconciliação a que está ordenada a Penitência o Senhor a confiou hoje à Igreja inteira, como povo sacerdotal, embora seja feita depois, de maneira mais direta, por meio do ministério dos sacerdotes (bispos e presbíteros).

O aspecto de celebração está relacionado à ação de culto fundamentalmente comunitária que exige dupla inserção no tempo. A primeira diz respeito à duração necessária para que se possa desenvolver um processo ritual-espiritual que, antes de tudo, deve expressar um movimento de conversão; a segunda refere-se ao momento útil e particularmente adaptado para acolher a Palavra de Deus, como o são os chamados *tempos fortes do ano litúrgico*, em especial, o Advento e a Quaresma.

Sendo uma celebração, a penitência exige a comunidade (Igreja), ainda que em forma de pequeno grupo, que no gesto e no diálogo (Palavra de Deus e resposta de oração) exprima a realidade penitencial que abriga; em outras palavras, tem de ser uma celebração de significado e importância eclesial (Russo, 2005b).

6.3.2 Unção dos Enfermos

A enfermidade, a dor, a doença e a morte são situações-limite que o ser humano, inevitavelmente, tem de enfrentar em sua vida e revelam sua fragilidade, seus limites e sua finitude; apontam uma realidade significativa da vida humana. Desde sempre, as pessoas tiveram dificuldade de assimilar e assumir o que a enfermidade pressupõe e buscaram explicações. Na Sagrada Escritura, a doença é tratada sob a perspectiva mais geral do mistério do sofrimento. Enfermidade, morte e pecado aparecem na Bíblia como cenários que se aliam e se conjuram contra o homem e dos quais Deus o liberta por meio da atualização da história da salvação. Como aponta Russo (2005a, p. 239): "a liturgia da Igreja acha-se presente nessa situação de sofrimento, por intermédio da celebração do Sacramento da Unção dos Enfermos, como sinal eficaz da misericórdia salvífica de Deus; e para mostrar a solidariedade da própria Igreja com o enfermo".

O sacramento da Unção dos Enfermos é concedido àqueles que enfrentam enfermidades e a morte iminente. Por meio desse sacramento, Deus vence o pecado e seus desdobramentos. Também há revelação desse sacramento no Evangelho, quando Jesus recomenda aos apóstolos: "Ide e proclamai que o Reino dos céus está próximo. Curai os doentes, ressuscitai os mortos, purificai os leprosos, expulsai os demônios" (Mt, 10,1.5.7s). Outro registro nas Escrituras é o do uso do óleo para a unção: "Partindo, eles pregavam que todos se arrependessem. Expulsavam muito demônios, e curavam muitos enfermos, ungindo-os com óleo" (Mc 6,13s).

Relação com a Santíssima Trindade

O sacramento da Unção dos Enfermos remete à presença da Trindade, como riqueza dos relacionamentos típicos de cada uma das pessoas divinas.

Com relação ao Pai, a unção é o sacramento da oferta dos sofrimentos do enfermo e da graça com que Deus a aceita, valorizando a experiência da dor e da enfermidade como caminho de redenção e salvação.

No referente ao Filho, esse sacramento associa o padecer do ser humano ao padecimento de Cristo, aplicando àquele os méritos do Salvador e atingindo-o com o poder da Sua vitória pascal sobre o pecado e a morte, ao transformar a enfermidade em participação na cruz e ressurreição do Senhor, para o bem de toda a Igreja.

O Espírito Santo, por sua vez, consolida a comunhão solidária dos enfermos com a Igreja inteira, mediante esse vínculo efetuado pelo Consolador, graças ao qual a comunidade e o indivíduo se auxiliam reciprocamente no sofrimento e na provação. Por isso, o sacerdote unge com óleo a fronte do enfermo e diz a fórmula: "por esta santa Unção e sua piedosíssima misericórdia, ajude-te o Senhor com a graça do Espírito Santo e, libertando-te dos pecados, te salve, e por tua bondade, te alivie" (Forte, 1996, p. 79).

O ritual da Unção dos Enfermos

O novo ritual, promulgado pela constituição apostólica do Papa Paulo VI *Sacram Unctionem Infirmorum*, no dia 30 de novembro de 1972, apresenta o conteúdo teológico da estrutura da celebração. O novo ritual propõe oito formas que podem ser adaptadas às diversas circunstâncias, entre as quais as mais importantes são a celebração sem missa, a celebração dentro da missa e a celebração numa grande assembleia de fiéis. O rito ordinário tem quatro partes que Russo (2005b, p. 254, grifo do original) assim apresenta:[5]

1. **Os ritos iniciais**: Estes incluem a saudação, a aspersão do enfermo e do quarto com a água benta, acompanhada de uma fórmula de fundo batismal e pascal; a alocução inicial que é um convite para recomendar o irmão enfermo à bondade e ao poder de Cristo. Quando o ato penitencial se realiza somente durante o rito, não há confissão sacramental do doente.
2. **Liturgia da Palavra**: A Palavra de Deus é um elemento constitutivo do Sacramento da Unção dos enfermos, utilizando-se como texto fundamental: Mt 8,5-10.13, podendo-se utilizar também outros textos. Pode-se acrescentar uma breve explicação ou homilia do texto que foi lido.
3. **Liturgia da Unção**: Os ritos da Unção começam com a prece e ladainhas, que exprimem, em forma de súplica, os principais efeitos do sacramento. Logo em seguida, o sacerdote impõe as mãos sobre o enfermo; também é sugerido que todos os presbíteros presentes imponham as mãos sobre a cabeça do enfermo.
4. **Ritos de conclusão**: Estes ritos abrangem o Pai-nosso e a bênção do sacerdote. A bênção proposta pelo ritual é composta por cinco pedidos que destacam: estrutura trinitária, pedido de saúde, e proteção para o corpo e a alma, e perspectiva escatológica.

---

5 A estrutura ritualística de administrar a Unção dos Enfermos permaneceu igual ao longo dos séculos, mas a Igreja, conforme a época, sempre adicionou novidades conforme as situações concretas e culturais.

Na Unção dos Enfermos, ocorre o encontro sacramental da Trindade com a doença e com o sofrimento humano. Ela manifesta, então, a possibilidade de um sofrimento salvífico por meio do qual o cristão, escondido com Cristo em Deus, vivencia a experiência da enfermidade como uma oferta de amor ao Pai e como uma comunhão solidária com os demais seres humanos, transformando a dor em amor e aceitando os benefícios da cura e da vida que o Deus vivo é capaz de produzir no íntimo da alma e até mesmo a sua irradiação pelo corpo.

A celebração desse sacramento, portanto, exige e estimula uma fé tão profunda que leva o enfermo a reconhecer a bondade divina, até no tempo da doença. Inspira também uma confiança tão grande que, com a oferta e a entrega de si próprio, o doente deixa a alma aberta para todas as possíveis surpresas do Eterno. Trata-se de um sacramento de cura mediante o qual se recebe também o preparo para um possível falecimento. Para que ele se realize, é importante que o doente queira recebê-lo, com espontânea vontade, pois em quem acredita em Deus e nEle confia ilimitadamente nada jamais fica perdido.

6.4 Sacramentos de serviço à comunidade

Os sacramentos da iniciação cristã introduzem os seres humanos na participação da vida divina que a Trindade tornou possível ao ingressar na história. Entretanto, o encontro com o Senhor se desenvolve ao longo do tempo, tanto no plano pessoal como no comunitário, nos sacramentos de serviço, que são a Ordem e o Matrimônio. Conforme ensina o Catecismo da Igreja Católica (CIC, n. 1534), estes destinam-se à salvação dos outros, e pelo serviço que prestam contribuem para a própria salvação. Conferem uma missão particular na Igreja e servem à edificação do povo de Deus (CNBB, 1993).

A vocação cristã fundamental tem origem no Batismo e encontra várias especificações nas diferentes vocações particulares que constituem o caminho próprio no qual o cristão realiza o chamado à santidade, à comunhão e ao testemunho no seio da comunidade eclesial. A Ordem e o Matrimônio, ambos de caráter sacramental, têm em comum o fato de contribuírem de modo especial para a difusão da vida da Igreja. No entanto, são muito diferentes entre si, porque o primeiro é especificamente eclesial, ao passo que o segundo pertence, também como instituição, à organização da vida social. Especificamos cada um deles na sequência.

6.4.1 Ordem

O sacramento da Ordem é um sinal eficaz da Páscoa de Cristo para o serviço da comunidade. O serviço próprio dos ministros ordenados – bispos, presbíteros e diáconos – é o de ser pastor da Igreja, com a Palavra e com a graça de Deus, conforme destaca o parágrafo 10 da constituição dogmática *Lumen Gentium* (Concílio Vaticano II, 2000). O nome desse sacramento foi extraído das situações civis nas quais a palavra *ordem* faz referência a diversas noções, como norma, mandato, ou organização. Essa noção civil, que praticamente caiu no discurso ou na linguagem dos teólogos e canonistas, voltou a assumir prestígio principalmente com o Concílio Vaticano II.

A palavra *ordem* foi integrada ao sacramento, levada a efeito por um rito chamado *ordinatio* – ato religioso e litúrgico de consagração. Na atualidade, a palavra *ordinatio* está reservada ao ato sacramental que incorpora à ordem dos bispos, dos presbíteros e dos diáconos e que transcende a uma simples eleição, designação, delegação ou instituição pela comunidade, pois confere um dom do Espírito Santo, que permite exercer um "poder sagrado" (*sacra potestas*; cf. LG 10), que só pode advir de Cristo, por meio de sua Igreja. A ordenação também é denominada *consecratio* porque é um "pôr à parte" e um "investir" pelo próprio Cristo, tendo em vista sua Igreja. A "imposição das mãos" do bispo, com a oração consagratória, constitui o sinal visível dessa consagração. (Russo, 2005a, p. 296)

Ritual da ordenação conforme o Concílio Vaticano II

O Concílio Vaticano II integrou a visão das ordens sagradas à do mistério da Igreja e dos ministérios que nela são exercidos para o serviço do povo de Deus. Como afirma Russo (2005a, p. 319):

> O episcopado, cujo caráter sacramental é afirmado, faz daquele que o recebe membro do colégio dos sucessores dos apóstolos, e o presbiterato introduz o presbítero no colégio dos colaboradores do bispo. Esses são os graus do sacerdócio. O diaconato é um serviço específico ao bispo e à comunidade, e não constitui necessariamente uma etapa que visa ao sacerdócio, pois pode ser exercido como ministério permanente, e nesse caso, também pode ser conferido aos homens casados.

A *Sacrosanctum Concilium* determinou que os ritos de ordenações fossem revistos no tocante às cerimônias e aos textos. Uma nova edição, publicada em 1989 com o título *De ordinatione episcopi, presbyterorum et diaconorum*, indica a ordem correta dos diversos graus do ministério. Augé (2007, p. 207) a apresenta:

> os critérios fundamentais que estão na base desta revisão são: completar a falta de esclarecimentos das funções do ministério

presbiteral; apresentar com mais clareza, este ministério, na participação específica e pessoal ao sacerdócio de Cristo como cabeça da Igreja; destacar corretamente o caráter somente prévio e figurativo da tipologia de Moisés e Aarão e marcar, mais fortemente, o dinamismo trinitário, eclesiológico e escatológico do texto.

As três ordenações – do bispo, dos presbíteros e dos diáconos – mantêm um desenvolvimento idêntico. A parte central do rito é a imposição das mãos e a solene oração consagratória, própria de cada ordem. A centralidade restituída ao gesto da imposição das mãos sinaliza, mais claramente, que a graça que constitui o eleito no mistério é o dom do Espírito do Cristo ressuscitado.

Características atuais do ritual da Ordem

Os rituais são adaptados conforme as orientações do *De ordinatione episcopi, presbyterorum et diaconorum*, que oferece uma "Introdução Geral" comum aos três níveis de sacramento da ordem, abrangendo três aspectos: (1) a teologia da ordenação sagrada; (2) a estrutura fundamental da celebração das ordens sagradas; e (3) as possibilidades de adaptação à diversidade de regiões e circunstâncias. Também antes de cada rito são apresentadas Introduções Particulares sobre cada uma das ordenações com o mesmo esquema:

- breve síntese doutrinal sobre a importância da ordem em questão;
- funções e ministérios que intervêm em cada celebração;
- descrição da própria celebração, com seus elementos característicos e seu significado;
- explicação sobre o que precisa estar preparado para cada celebração[6].

---

6 Para mais informações sobre as novidades referentes ao ritual da Ordem, conferir o artigo de Russo (2005a).

Estrutura do ritual da Ordem

A estrutura geral é idêntica nas três ordenações, buscando maior simplicidade e clareza, com vistas a enfatizar o momento central. A princípio, divide-se em três partes: ritos de introdução, rito central e ritos explicativos. A ordenação ocorre no âmbito da celebração eucarística, seguida à liturgia da Palavra; a Palavra de Deus, aliás, desempenha papel decisivo, pois nos leva a prestar atenção em todas as suas dimensões: a Palavra, a proclamação, a resposta e a Bíblia.

Trataremos de dois elementos importantes na celebração da ordenação: (1) a imposição das mãos e (2) a oração consagratória.

O gesto de imposição das mãos

A imposição das mãos é feita em silêncio, imediatamente antes da oração consagratória. Trata-se de um gesto bíblico que tem um simbolismo muito rico: é, sobretudo, um sinal de consagração e de transmissão de poderes sagrados para o serviço da comunidade. "A imposição das mãos indica que o Espírito de Deus separa um ser, que escolheu para Si, toma posse do mesmo e lhe confere autoridade e poder para exercer uma função" (Augé, 2007, p. 208). Deve-se observar que em todos os casos a imposição das mãos para outorgar um serviço ministerial é feita por pessoas qualificadas.

A oração consagratória

As três orações consagratórias (do bispo, dos presbíteros e dos diáconos) têm uma única estrutura trinitária dirigida a Deus, o Pai. Na primeira parte, trata da anamnese ou a recordação da obra cumprida na história da salvação em relação à instituição do ministério; na parte central, apresenta a invocação ao Espírito Santo sobre os candidatos à ordenação; na terceira parte, encontra-se uma intercessão em favor dos ordenados pela mediação de Jesus Cristo. A estrutura das orações segue conforme o tipo de ordenação, como ilustrado no Quadro 6.1.

Quadro 6.1 – Estrutura das orações conforme cada ordenação

EPISCOPADO	PRESBITERATO	DIACONATO
DEUS E PAI de nosso Senhor Jesus Cristo, infunde sobre estes eleitos O ESPÍRITO DE GOVERNO por meio de teu FILHO JESUS CRISTO.	SENHOR, PAI santo, DEUS todo-poderoso e eterno, renova em seus corações O ESPÍRITO DE SANTIDADE por NOSSO SENHOR JESUS CRISTO teu FILHO.	DEUS todo-poderoso, envia sobre eles O ESPÍRITO SANTO por NOSSO SENHOR JESUS CRISTO teu FILHO.

Fonte: Russo, 2005a, p. 361.

Mediante o sacramento da Ordem, a Santíssima Trindade passa a fazer parte da história dos seres humanos, despertando os laços de união entre eles e deles com Deus. Eis a razão pela qual deverá ser exemplar o estilo de vida de um ministro ordenado, que está disposto a prestar serviços à comunidade e à sociedade. Esses consagrados são os sinais do próprio Divino que vêm até nós, mostrando a importância que têm para toda a vida na graça, com um diálogo caridoso e uma solidariedade de serviços mútuos, superando, assim, as frágeis possibilidades das realizações históricas.

6.4.2 Matrimônio

O matrimônio é parte do plano da Criação e contempla uma união primitiva entre o homem e a mulher, revelando sua vocação natural ao amor recíproco. No cânone 1055, parágrafo 1º, do Código de direito canônico, está expresso: "O pacto matrimonial, pelo qual o homem e a mulher constituem entre si o consórcio íntimo de toda a vida, ordenado por sua índole natural ao bem dos cônjuges e à procriação e educação da prole, entre os batizados foi elevado por Cristo Nosso Senhor à dignidade de sacramento" (JOÃO PAULO II, 1983).

Nas Escrituras, podemos verificar o desejo do Criador: "Deus criou o homem à sua imagem, à imagem de Deus Ele o criou, homem e mulher Ele os criou" (Gn 1,27). "Por isso, o homem deixa seu pai e sua mãe, se une à sua mulher, e eles se tornam uma só carne" (Gn 2,24). Por ser essa união de entrega profunda e sublime, muitas vezes ao longo das Sagradas Escrituras, o vínculo entre homem e mulher é comparado ao relacionamento entre Deus e seu povo (O sacramento..., 2018).

Assim, o matrimônio cristão deve se tornar sinal e, portanto, anúncio vívido do amor de Cristo para com os homens. Essa realidade humana e misteriosa do matrimônio não recebe, porém, por parte de Cristo e da Igreja primitiva, de forma celebrativa determinada, uma estrutura ritual. É conveniente, portanto, ponderar, em primeiro lugar, de que modo a Igreja estrutura a uma liturgia do matrimônio.

Ritual do Matrimônio

A celebração do matrimônio se realiza na maioria das vezes sem missa e com o rito da comunhão. Conforme estabelece o *Sacrosanctum Concilium*, apresenta uma estrutura adequada ritualística: acolhida, liturgia da Palavra, rito sacramental e ritos finais.

1. **Acolhida**: Aquele que preside recebe os noivos na porta, ou junto ao altar, saúda-os cordialmente, expressando sua alegria e a da Igreja ao participar de seu casamento.

2. **Liturgia da Palavra:** Pode haver uma ou duas leituras extraídas do próprio lecionário. Segue a homilia, contextualizando o comprometimento do casal.
3. **Rito sacramental:** Segue após a liturgia da Palavra e se processa em quatro etapas: (1) as perguntas sobre liberdade, fidelidade e procriação dos filhos; (2) o consentimento dos contraentes e a ratificação do sacerdote; (3) a bênção e a entrega das alianças; e (4) a oração dos fiéis (Augé, 2007). Uma função importante na liturgia do Matrimônio é a bênção dos esposos, inserida após a oração do Pai-nosso.
4. **Ritos finais:** Logo após a comunhão, o celebrante estende a mão sobre os recém-casados e pronuncia a bênção universal; em seguida se despede deles e da comunidade.

Essa estrutura é respeitada em quase todos os rituais particulares, mas também pode-se celebrar fora da Eucaristia.

Teologia litúrgica do matrimônio

O Matrimônio é colocado, antes de tudo, na moldura da Criação, em cuja base o fato natural se torna um fato salvífico. Esse sacramento situa os esposos em um novo e vivificante relacionamento com a Santíssima Trindade. Com relação ao Pai, apresenta-se como um ato mediante o qual os noivos se consagram a Deus, sendo acolhidos por Aquele que os chamou a essa doação recíproca. Na Pessoa do Filho, simboliza a aliança indissolúvel existente entre Cristo e a Igreja, concedendo, eficazmente, a graça necessária para uma plena união entre ambos. Finalmente, no Espírito Santo, é apresentado como símbolo e instrumento de aliança (Forte, 1996).

Assim, seus laços com a Santíssima Trindade, selados com o Matrimônio, transformam os esposos em imagem viva do amor eterno, alimentando-os para viver na solidariedade. Uma boa celebração do sacramento pressupõe não apenas preparar, mas também integrar a experiência dos noivos, seu sentido de vida, suas alegrias e esperanças, ao variado "concerto" de palavras e ritos da liturgia matrimonial. O Matrimônio oferece aos esposos a possibilidade de criar um lar, uma família, levando-os a recordar que é este o sacramento do amor de Deus, o Criador da vida.

> Os esposos são convocados a colaborar com o Criador na difusão da vida. Difundir a vida é fazer novos seres humanos sobre a terra, educá-los, abrir horizontes para as novas gerações que nos sucederão, colaborar com o crescimento da Humanidade, fazer o mundo mais habitável, promover lares mais humanos, onde haja amor, diálogo, verdade, enfim, fazer crescer o Reino de Deus. (Pagola, 2000, p. 36)

6.5 Alguns símbolos sacramentais

Os sacramentos encontram seu espaço na liturgia mediante os símbolos. A princípio, cada sacramento relaciona-se a um símbolo específico, mas alguns símbolos estão presentes em todos os sacramentos. Para que haja uma compreensão geral, apresentamos a seguir os seus significados, por que e para que são utilizados no desenvolvimento litúrgico.

- **Vela:** Seu sentido está ligado à ressurreição de Cristo, ou seja, Jesus é a luz do mundo, como Ele disse. Vai além disso: também nos convida a sermos essa luz e a participarmos de sua ressurreição.

Por isso acendemos as velas sempre tendo como fonte o Círio Pascal, que é a Luz de Cristo. A vela é acesa principalmente no Batismo, mas também na Crisma e na Primeira Comunhão – sempre para nos relembrar de nossa fé no Cristo que ressuscitou e de que somos reflexos dessa luz para o mundo.

- **Água:** No âmbito cristão, significa, ao mesmo tempo, a vida e a morte. Ao sermos submergidos na água do Batismo, morremos para nossa vida antiga e somos salvos por Cristo em uma vida nova. Em outras situações, a água tem sentido de purificação, de limpeza.
- **Óleo:** Tem sentido de consagração. Há três óleos, dos quais dois são abençoados (dos catecúmenos e dos enfermos) e um é consagrado (do santo Crisma). Usa-se o óleo dos catecúmenos na unção pré-batismal, com sentido de fortaleza, na luta; o dos enfermos é usado sempre pelo presbítero, nos doentes, para alívio, força e libertação; o do Crisma é sempre usado no Batismo (no peito), simbolizando a participação da pessoa em Cristo Rei, Profeta e Sacerdote, e na Crisma (na fronte), para confirmar essa participação em Cristo e para ungir a pessoa para a missão. Também é usado nas ordenações de padres (mãos), indicando sua missão, e de bispos (na cabeça), para indicar sua fecundidade espiritual; e na dedicação do altar e das igrejas.

5. **Cruz:** Símbolo de nossa salvação, como diz Paulo, é loucura para muitos; mas para nós, é motivo de glória e salvação, sinal de nossa fé. O catecúmeno é iniciado e acolhido com esse sinal, demonstrando sua participação no mistério de Cristo.
6. **Pão e vinho:** Matérias-primas, o trigo e a uva precisam passar por sacrifícios para se tornarem pão e vinho bons; o trigo triturado e a uva amassada nos lembram do sacrifício de Cristo que, no final,

transformou-se em ressurreição. Foram escolhidos por Cristo para serem nosso alimento espiritual, que nos dá força na caminhada.

7. **Bíblia**: Seu nome se refere a uma grande biblioteca; mas além de ser um livro histórico, é também a Palavra de Deus, ou seja, um manual de instrução para uma vida segundo o desejo divino. É muito mais: como o Concílio Vaticano II disse, é uma das formas da presença do Cristo no meio de nós.

8. **Imposição das mãos**: Está sempre relacionada ao Espírito Santo. É usada nos exorcismos, pedindo ao Espírito Santo para libertar a pessoa do mal; nas ordenações, desde os apóstolos, para transmitir o ministério; na Crisma, para pedir os sete dons; na Eucaristia, para santificar o pão e o vinho; na Confissão, como forma de absolvição; e na Unção dos Enfermos, como forma de presença confortadora do Espírito Santo.

6.6 Um pequeno olhar para os sacramentos

Depois de trilharmos o caminho dos sacramentos de iniciação, de cura e de serviço, é prudente apresentar sucintamente um quadro dos sete sacramentos, apontando suas respectivas funções nas dimensões pessoal e comunitária, para compreendê-los melhor em seu conjunto[7]. É o que expomos no Quadro 6.2, a seguir.

---

[7] A fonte principal desse quadro é uma apresentação organizada pelos catequistas para desenvolver o ensino da catequese na Paróquia São Pedro, em São José dos Pinhais (Paraná). Alguns elementos específicos foram acrescentados após leitura bibliográfica para compreender melhor o conjunto.

Quadro 6.2 – Quadro-resumo dos sete sacramentos

SACRAMENTOS	SINAL	PESSOAL	COMUNITÁRIO
1. Batismo Nós nos tornamos uma só família	• Água "Eu te batizo em nome do Pai, do Filho e do Espírito Santo"	• Vida nova, comunhão em Deus, vida trinitária do amor • Filho do Pai, irmão de Jesus • Templo do Espírito Santo	• Membro do povo de Deus • Potencial de ser rei, sacerdote e profeta
2. Penitência Aproximamo-nos do Pai	• Imposição das mãos "Eu te absolvo † em Nome do Pai e do Filho e do Espírito Santo"	• Cura interior • Restauração do relacionamento com o Pai, segundo o plano da nossa salvação	• Restauração do relacionamento que magoou a comunidade • Aumento dos benefícios para o povo de Deus
3. Eucaristia Vivemos como uma família, nos alimentando do Corpo e Sangue de Cristo	• Pão e vinho nos saciam espiritualmente "Este é meu Corpo. Este é meu Sangue"	• Presente pessoal, de ter o Cristo habitando em si	• Força para sermos mais irmãos e irmãs • Alimento para alma
4. Confirmação Tornamo-nos testemunhas ungidas para missão	• Óleo do Crisma – fortalece "Recebe por este sinal † o Espírito Santo Dom de Deus (carimbo)"	• Dia de Pentecostes • Abundância do Espírito Santo	• Ser um dos princípios cristãos no mundo de hoje
5. Ordenação Somos consagrados ao serviço de Deus	• Imposição das mãos e oração consagratória	• Escolha e consagração a Deus • Lugar especial no ministério de Cristo • Carimbo de Cristo	• Ser líder e construtor da comunidade • Ser figura de Cristo no meio do povo
6. Matrimônio Tornamo-nos fermento na sociedade	• Entrega de um ao outro; consentimento do casamento, ou seja, união de amor	• Compromisso de dar o amor e a vida um ao outro • Compromisso de ajudar e crescer juntos na realização mútua	• Responsabilidade de construir uma sociedade fraternal por meio da sua família
7. Unção dos Enfermos Faz-nos dignos de encontrar com Deus e recuperar a saúde espiritual e corporal	• Unção com óleo "O Senhor venha em teu auxílio"	• Cura para aqueles que estão no perigo da morte, para os idosos • Força para enfrentar o mal	• Conforto para os fiéis nas mãos de Deus no momento mais importante de sua vida

Os sacramentos são gestos de Deus na vida do fiel expressos numa forma simbólica. Portanto, podemos dizer que são **sinais sagrados**, porque exprimem uma realidade sagrada e espiritual. São **sinais eficazes**, porque, além de simbolizarem certo efeito, produzem-no realmente. Sabemos, também, que são **sinais da graça**, porque transmitem os dons da graça divina; nutrem, robustecem e exprimem a fé do fiel, o que os torna **sinais de fé**. Além disso, são os **sinais da Igreja**, porque foram confiados à Igreja, celebrados na Igreja e em nome da Igreja.

Os efeitos sobrenaturais dos sacramentos não dependem da competência do ministro, uma vez que é Cristo quem sempre opera por meio de seu representante. Toda virtude deles vem do Redentor, seu autor e principal ministro.

Síntese

Os sacramentos são sinais sensíveis e visíveis da graça de Deus por meio dos quais Ele se comunica com a humanidade. Deus, por esses sinais, realiza maravilhas invisíveis. A celebração litúrgica dos sacramentos pertence ao mundo dos sinais e dos símbolos, em linguagem expressiva, que representa a riqueza imensa de Cristo. Neste capítulo, expusemos as formas pelas quais celebramos liturgicamente os sete sacramentos. Para melhor abordá-los, dividimo-los em três grupos diferentes: no primeiro, estão os da iniciação (Batismo, Confirmação e Eucaristia), sua história, seu desenvolvimento e sua estrutura celebrativa; no segundo, os de cura (Penitência e Unção dos Enfermos), tratando os sentidos e seus efeitos; e no terceiro, os de serviço à comunidade (Ordem e Matrimônio), que abordam um complexo ritual e apresentam estruturas específicas.

Indicações culturais

OS SETE sinais da vida. v. 1: Introdução, Batismo, crisma e penitência. Brasil: Verbo Filmes, 60 min. 1 DVD.

OS SETE sinais da vida. v. 2: Eucaristia, matrimônio, ordem e unção dos enfermos. Brasil: Verbo Filmes, 60 min. 1 DVD.

Esses vídeos introdutórios destacam a sacramentalidade da vida e apresentam a vida sacramental da Igreja, no grande sacramento de Deus que é Jesus Cristo. Os ambientes diversificados ali captados e seu dinamismo facilitam sua utilização tanto em comunidades urbanas como rurais, ou ainda em grupos, encontros pastorais, preparação dos sacramentos, catequese ou aulas de religião. Trata-se de um serviço à pastoral da Igreja.

A proposta da conceituação e da celebração dos sete sacramentos é a forma de levar os fiéis ao mistério da vida. Assistir a esses vídeos recomendados possibilita a percepção da importância da presença divina em divesas etapas da vida, por meio das celebrações sacramentais.

Atividades de autoavaliação

1. Qual o significado dos sete sacramentos da Igreja Católica?
    a) São grandes celebrações que acompanham a vida e o desenvolvimento humano, às quais ela convencionou denominar *sacramentos*.
    b) São celebrações que acompanham a vida antes de casar.
    c) São momentos na vida de uma criança.
    d) São momentos que não têm importância nenhuma na vida.

2. Para compreender a importância dos sacramentos na vida das pessoas, eles podem ser agrupados em três partes. É correto dizer que essas partes são:

a) Sacramentos da vida, sacramentos da morte e sacramentos da ressurreição.
b) Sacramento de unção dos enfermos, sacramentos de iniciação e sacramento da morte.
c) Sacramentos de iniciação, sacramentos de cura e sacramentos de serviço à comunidade.
d) Sacramentos de serviço à comunidade, sacramentos de despedida e sacramentos de reencontro.

3. Os sacramentos de serviço à comunidade, é correto dizer que são:
a) Ordem e Matrimônio.
b) Matrimônio e Batismo.
c) Matrimônio, Batismo e Unção dos Enfermos.
d) Crisma, Penitência e Eucaristia.

4. Assinale a alternativa que apresenta a correta estrutura do sacramento da Eucaristia:
a) Rito de introdução, liturgia da Palavra, liturgia da Eucaristia e rito de conclusão.
b) Rito de introdução, liturgia da Palavra, liturgia do Batismo e rito de conclusão.
c) Rito de Confirmação, liturgia da Eucaristia, liturgia da Palavra e ritos finais.
d) Liturgia da Palavra, rito de confirmação, liturgia da Eucaristia e rito de conclusão.

5. Há um gesto muito importante na celebração litúrgica do sacramento da Ordem. Sobre ele, assinale a afirmativa correta:
a) A água é o elemento mais importante no sacramento da Ordem.
b) A imposição das mãos é o gesto mais importante no sacramento da Ordem.
c) O óleo é sinal da graça no Sacramento da Ordem.
d) A vela é mais importante do que a Bíblia na celebração dos sacramentos.

Atividades de aprendizagem

Questões para reflexão

1. Qual é sua visão geral dos sete sacramentos após a leitura deste capítulo?

2. Como se encontram agrupados os sacramentos? Quais são os chamados *sacramentos de cura*?

3. Na sua opinião, considerando a leitura deste capítulo, por que as pessoas ainda vão à Igreja? Em que situações os sacramentos ajudam os fiéis?

Atividades aplicadas: prática

1. Organize um encontro com pessoas de idade avançada e pergunte a elas sobre os sacramentos que viveram em sua vida. Prepare-se com papel e caneta para registrar o que elas têm a dizer. O que os idosos pensam sobre a vida? Registre as respostas e elabore uma análise reflexiva sobre elas.

2. Visite um rio ou uma fonte de água corrente. Observe a água, depois toque nela com a mão e reflita sobre o sacramento da iniciação. A partir dessa experiência, elabore um plano de aula sobre o sacramento de iniciação, o Batismo.

Considerações finais

A patrística e a escolástica foram os pontos de partida do desenvolvimento dos sacramentos dentro da Igreja. Assim, depois de apresentar o caminho da teologia dos sacramentos em diversos capítulos, explicamos que desde os tempos de Santo Agostinho a Igreja ensina que o **caráter** é uma marca indelével capaz de assinalar a existência cristã como exigência de pertença a Cristo; mais tarde, nos tempos da escolástica, era um sinal impresso na alma. Os sacramentos caracterizantes têm o seu aspecto eclesiológico, pois exigem um compromisso pessoal de seguimento a Cristo e um relacionamento visível e permanente com a Igreja.

Boff (1975) caracteriza os sacramentos como etapas de eixos existenciais, por serem momentos em que se manifestam a dependência e a relação com o Absoluto. Evidenciaremos que os efeitos dos sacramentos são visíveis no processo de crescimento e amadurecimento da pessoa. No sacramento do Batismo, a criança recebe o dom gratuito de Deus – a vida nova e a Confirmação fornecem o alimento necessário para o processo do crescimento como adolescente. A Reconciliação relaciona-se às dimensões do perdão e da conversão, e serve ao objetivo de construir uma sociedade justa. A Eucaristia, porsua vez, elabora a dimensão da universalidade da comunhão estando à mesa à disposição de todos para nos servir de alimento. Já o sacramento do Matrimônio apresenta o dever da fidelidade na elaboração do amor mútuo; enquanto a ordem aponta a disponibilidade de alguns para servir à comunidade a partir de uma preparação adequada; e, finalmente, a Unção dos Enfermos expressa a aproximação da presença do poder salvífico de Deus na vida da pessoa.

Portanto, os sete sacramentos não são momentos separados, mas se entrelaçam e se expressam na plenitude da salvação, comunicada à humanidade por meio dos gestos de Cristo presentes na história. O Batismo, a Confirmação e a Ordem são caracterizantes ou irrepetíveis, pois imprimem **caráter**. Outros, porém, conforme as situações e os ambientes culturais, podem a ser repetidos.

Referências

ANDRADE, J. Deus do deserto, Deus do vale: a geografia como ponto de partida para a compreensão do fenômeno religioso. **Interações**: Cultura e Comunidade, Uberlândia, v. 5, n. 7, p. 13-38, jan./jun. 2010. Disponível em: <http://periodicos.pucminas.br/index.php/interacoes/article/view/6450/5905>. Acesso em: 2 mar. 2018.

ARQUIDIOCESE DE CAMPINAS. **Catecismo da Igreja Católica**: fichas de estudo e reflexão. Ano da fé. Campinas, 2012.

AUGÉ, M. **Liturgia**: história, celebração, teologia, espiritualidade. 3. ed. São Paulo: Ave Maria, 2007.

BAÑADOS, C. P. Penitência e reconciliação. In: CELAM – Conselho Episcopal Latino-Americano. **Manual de Liturgia III**: a celebração do mistério Pascal – os sacramentos – sinais do mistério pascal. São Paulo: Paulus, 2005. p. 205-238.

BÍBLIA. Português. **Bíblia de Jerusalém**. São Paulo: Paulus, 2002.

BOFF, L. **Os sacramentos da vida e a vida dos sacramentos**. Petrópolis: Vozes, 1975.

BONDER, N. **Tirando os sapatos**: o caminho de Abraão, um caminho para o outro. Rio de Janeiro: Rocco, 2008.

BOROBIO, D. **A celebração na Igreja**. São Paulo: Loyola, 1990.

BRAGA, F. da S. **Igreja, sacramento de salvação**: a comunidade cristã como testemunha e continuadora da salvação do Cristo no mundo. 122 f. Dissertação (Mestrado em Teologia) – Pontifícia Universidade Católica do Rio de Janeiro, Rio de Janeiro, 2008.

BUYST, I. **Símbolos na liturgia**. São Paulo: Paulinas, 1998.

CAMPO, M. del. **La iniciación cristiana y catequesis in Evangelización, catequesis, catequistas**: una nueva etapa para la Iglesia del Tercer Milenio. Madrid: Edice, 1999.

CANÇÃO NOVA. **Confissão, o sacramento do perdão**. Disponível em: <https://formacao.cancaonova.com/igreja/doutrina/confissao-o-sacramento-do-perdao/>. Acesso em: 9 mar. 2018a.

CANÇÃO NOVA. **Sacramento da Penitência**. Disponível em: <https://formacao.cancaonova.com/diversos/o-sacramento-da-penitencia/>. Acesso em: 9 mar. 2018b.

CELAM – Conselho Episcopal Latino-Americano. **Manual de Liturgia II**: a celebração do mistério pascal – fundamentos teológicos e elementos constitutivos. São Paulo: Paulus, 2005a.

CATEQUESE HOJE. **Sobre a eficácia dos sacramentos**. Disponível em: <https://catequesehoje.org.br/outro-olhar/iniciacao-a-vida-crista/694-sobre-a-eficacia-dos-sacramentos>. Acesso em: 8 mar. 2018.

CNBB – Conferência Nacional dos Bispos do Brasil. **Catecismo da Igreja Católica**. 2. ed. Petrópolis: Editora Vozes; São Paulo: Paulinas; Ave-Maria; Loyola, 1993.

CNBB – Conferência Nacional dos Bispos do Brasil. **Com Maria, rumo ao novo milênio**. Brasília: CNBB, 2000.

CBNN – Conferência Nacional dos Bispos do Brasil. **Iniciação a vida cristã**: um processo de inspiração catecumenal. Estudos da CNBB n. 97. Brasília: CNBB, .2009

CONCÍLIO VATICANO II. **Compêndio do Vaticano II**: constituições, decretos e declarações. Petrópolis: Vozes, 1987.

D'ANNIBALE, M. A. A celebração eucarística. In: CELAM – Conselho Episcopal Latino-Americano. **Manual de Liturgia III**: a celebração do mistério pascal – os sacramentos – sinais do mistério pascal. São Paulo: Paulus, 2005, p. 121-186.

DAS, M. Hindu Iconography. In: MATAJI, V. (Ed.). **Shabda Shakti Sangam**. Rishikesh: Jeevan-Dhara Sadhana Kutir, 1995, p 23-27.

DUARTE, J. **Iniciação e ritos de passagem.** Disponível em: <http://www.casadobruxo.com.br/textos/magia99.htm>. Acesso em: 6 mar. 2018.

DURKHEIM, E. **As formas elementares da vida religiosa**: o sistema totêmico na Austrália. São Paulo: Paulinas, 1989.

ELIADE, M. **Iniciaciones místicas.** Madrid: Cristiandad, 1975.

FERREIRA, A. B. de H. **Novo Aurélio século XXI: o dicionário da língua portuguesa.** Editora Nova Fronteira, São Paulo 1999.

FORTE, B. **Breve introdução aos sacramentos.** São Paulo: Paulinas, 1996.

GALINDO, F. M. **Sacramentos da iniciação cristã.** São Paulo: Paulus, 1999.

GHEORGHIU, V. **A vida de Maomé.** Lisboa: Edições 70, 2002.

GONÇALVES, A. **Três dimensões da vida consagrada.** Nova York, 20 jul. 2015. Disponível em: <http://www.irmaspastorinhas.com.br/downloads//d_59/dimensoes_vida_religiosa.pdf>. Acesso em: 3 mar. 2018.

GOT QUESTIONS.ORG. **São bíblicos os sete sacramentos católicos?** Disponível em: <https://www.gotquestions.org/Portugues/sete-sacramentos.html>. Acesso em: 5 mar. 2018.

JOÃO PAULO II, Papa. **Código de direito canônico.** Versão portuguesa. 4. ed. rev. Lisboa: Conferência Episcopal Portuguesa; Braga: Editorial Apostolado da Oração, 1983.

MOLTMANN, J. **Teologia da esperança**: estudos sobre os fundamentos e as consequências de uma escatologia cristã. São Paulo: Loyola; Teológica, 2005.

NOCKE, F.-J. Doutrina geral dos sacramentos. In: SCHNEIDER, T. (Org.). **Manual de dogmática.** Petrópolis: Vozes, 2000. p. 171-204.

O QUE É TEOLOGIA dogmática? **A fé explicada.** 28 jan. 2015. Disponível em: <https://afeexplicada.wordpress.com/2015/01/28/o-que-e-teologia-dogmatica/>. Acesso em: 6 mar. 2018.

OS DOGMAS de fé da Igreja católica apostólica romana. Últimas e derradeiras graças. [S.d.]. Disponível em: <http://www.derradeirasgracas.com/2.%20Segunda%20 P%C3%A1gina/DOCUMENT%C3%81RIO%20DA%20IGREJA/DOGMAS%20 DA%20IGREJA%20CAT%C3%93LICA%20APOST%C3%93LICA%20ROMANA. htm>. Acesso em: 6 mar. 2018.

O SACRAMENTO do Matrimônio nos desígnios salvíficos de Deus. Disponível em: <http://www.amoranossasenhora.com.br/o-sacramento-matrimonio-nos-designios-salvificos-de-deus/>. Acesso em: 7 mar. 2018.

OS SETE sacramentos da Igreja. Disponível em: <https://os-pilares-da-fe.webnode. com/sacramentos/>. Acesso em: 9 mar. 2018.

OTT, L. **Fundamentals of Catholic Dogma**. Irlanda: Mercier Press, 1955.

PAGOLA, J. A. **Originalidade do matrimônio cristão**. São Paulo: Paulinas, 2000.

PARANÁ. Secretaria da Educação. Dia a Dia Educação. Ensino religioso. **Ritos de passagem**. 17 fev. 2011. Disponível em: <http://www.ensinoreligioso.seed.pr.gov.br/modules/noticias/article.php?storyid=278>. Acesso em: 6 mar. 2018.

PARÓQUIA CORAÇÃO DE MARIA. **Unção dos Enfermos**. Disponível em: <http://cordemaria.com.br/uncao-dos-enfermos/>. Acesso em: 6 mar. 2018.

PAULO VI, Papa. **Sacram Unctionem Infirmorum**. Roma, 30 nov. 1972. Disponível em: <http://w2.vatican.va/content/paul-vi/pt/apost_constitutions/documents/hf_p-vi_apc_19721130_sacram-unctionem.html>. Acesso em: 6 mar. 2018.

PAULO VI, Papa. **Sacrosanctum Concilium**. Roma, 4 dez. 1963. Disponível em: <http://www.vatican.va/archive/hist_councils/ii_vatican_council/documents/vat-ii_const_19631204_sacrosanctum-concilium_po.html>. Acesso em: 8 mar. 2018.

PITZ, A. **Os sacramentos do Novo Testamento**. Disponível em: <http://nocoes catolicas.blogspot.com.br/2014/02/tema-3-os-sacramentos-no-novo-testamento. html>. Acesso em: 6 mar. 2018.

PRIETO, C. Ritos de passagem na Wicca. **Adeptus**. Disponível em: <http://adeptus. xpg.uol.com.br/ritosdepassagemnawicca.html>. Acesso em: 6 mar. 2018.

PUJOL BALCELLS, J.; SANCHES BIELA, J. Curso de catequesis. Madri: Palavra, 2003.

RITOS de passagem na religião. Disponível em: <https://joaobosco.wordpress.com/2010/05/06/ritos-de-passagem-na-religiao/>. Acesso em: 7 mar. 2018.

RUSSO, R. R. Ordem. In: CELAM – Conselho Episcopal Latino-Americano. Manual de Liturgia III: a celebração do mistério pascal – os sacramentos – sinais do mistério pascal. São Paulo: Paulus, 2005a. p. 295-365.

RUSSO, R. R. Os Sacramentos da iniciação cristã. In: CELAM – Conselho Episcopal Latino-Americano. Manual de Liturgia III: a celebração do mistério pascal – os sacramentos – sinais do mistério pascal. São Paulo: Paulus, 2005b. p. 15-65.

STORT, G. M.; NAVES, G. Apresentação do ritual de iniciação da igreja Católica. Revista Relicário, Uberlândia, v. 2, n. 3, jan./jun. 2015. Disponível em: <http://revistarelicario.museudeartesacrauberlandia.com.br/index.php/relicario/article/view/23/24>. Acesso em: 28 fev. 2018.

TREVIZAN, L. Jesus é o Sacramento de Deus. Catequese hoje. Disponível em: <http://www.catequesehoje.org.br/outro-olhar/iniciacao-a-vida-crista/671-jesus-e-o-sacramento-de-deus>. Acesso em: 6 mar. 2018.

TURNER, V. O processo ritual: estrutura e anti-estrutura. Tradução de Nancy Campi de Castro. Petrópolis: Vozes, 1974.

USCCB – United States Conference of Catholic Bishops. The Structure and Meaning of the Mass. The Mass: Structure and Meaning. Disponível em: <http://www.usccb.org/about/public-affairs/backgrounders/structure-and-meaning-of-the-mass-backgrounder.cfm>. Acesso em: 6 mar. 2017.

WIEDENHOFER, S. Eclesiologia. In: SCHNEIDER, T. (Org.). Manual de dogmática. Petrópolis: Vozes, 2000. p. 50-142.

Bibliografia comentada

AUGÉ, M. **Liturgia**: história, celebração, teologia, espiritualidade. 3. ed. São Paulo: Ave Maria, 2007.

A obra é relativamente densa na leitura, mas trata com agilidade e clareza diversas áreas de compreensão do mistério do culto da tradição cristã. Nela, resgata-se a história do desenvolvimento dos sacramentos e as formas como são celebrados ao longo dos séculos. O principal foco é a liturgia: apesar de ser sintético, o livro aborda os aspectos fundamentais da celebração, abrangendo as dimensões teológica e espiritual. Trata-se de uma excelente fonte aos estudos para desenvolver e aprofundar o conhecimento sobre a celebração litúrgica dos sacramentos.

CELAM – Conselho Episcopal Latino-Americano. **Manual de Liturgia III**: a celebração do mistério pascal – os sacramentos – sinais do mistério pascal. São Paulo: Paulus, 2005.

Esse manual de liturgia é uma compilação de artigos de teólogos e liturgistas sobre os sete sacramentos cristãos na perspectiva da iniciação cristã. Trata-se de uma obra fundamental no estudo sobre os sacramentos, pois articula as dimensões teológica, histórica, espiritual e litúrgica. Apesar de ser um livro extenso, os autores preservam uma linguagem mais clara e acessível que se torna um fio condutor para trilhar o caminho da compreensão dos sete sacramentos.

FORTE, B. **Breve introdução aos sacramentos**. São Paulo: Paulinas, 1996.

O autor apresenta um panorama geral, explicando de maneira breve e clara o que são os sacramentos. A obra apresenta uma linguagem muito simples e acessível para facilitar a leitura e mostra como cada sacramento reaviva e enriquece nossa relação com a Trindade. Também faz agrupamento dos sete sacramentos como os de iniciação, da cura e do serviço à comunidade para facilitar a compreensão. No final, há algumas orientações sobre como se deve vivenciar os sacramentos.

Respostas

Capítulo 1
Atividades de autoavaliação
1. a
2. d
3. c
4. b
5. d

Capítulo 2
Atividades de autoavaliação
1. d
2. c
3. b
4. d
5. c

Capítulo 3
Atividades de autoavaliação
1. a
2. a
3. d
4. a
5. a

Capítulo 4
Atividades de autoavaliação
1. a
2. a
3. d
4. c
5. b

Capítulo 5
Atividades de autoavaliação
1. a
2. c
3. b
4. b
5. a

Capítulo 6
Atividades de autoavaliação
1. a
2. c
3. a
4. a
5. b

Sobre o autor

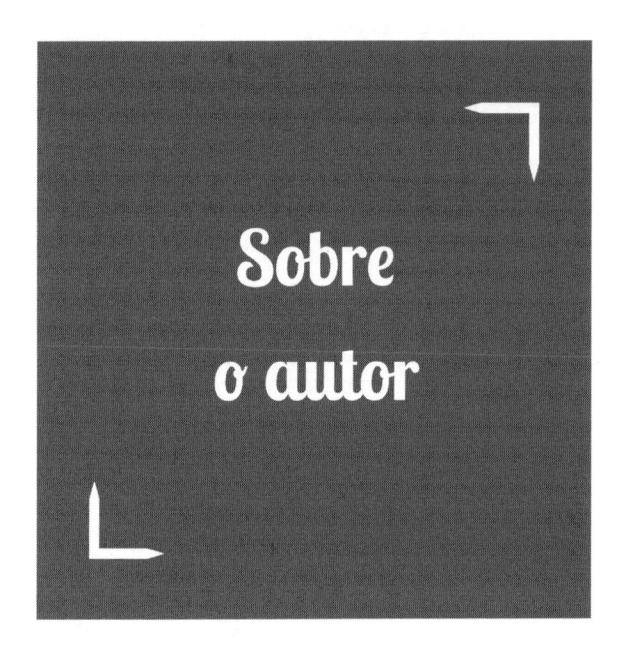

Joachim Andrade, nascido na cidade de Mangalore, no sul da Índia, chegou ao Brasil em 1992. Depois de breve passagem por Brasília para estudos de idioma e cultura brasileira, instalou-se na cidade de Curitiba. É doutor em Ciências da Religião pela Pontifícia Universidade Católica de São Paulo (PUC-SP) e mestre em Antropologia Social pela Universidade Federal do Paraná (UFPR). É formado em Filosofia e Teologia pelo Pontifício Instituto de Jnana-Deepa Vidyapeeth, em Pune; e em Literatura Inglesa e História pela Universidade de Mysore, ambos na Índia. É especialista em dança clássica indiana pelo Gyan Ashram e pelo Bombay Institute for Performing Arts, também localizados em seu país natal.

Além de já ter publicado diversos artigos científicos, é autor do livro *Dança clássica indiana: história – evolução,* organizador da obra *Caminhos para a missão: fazendo a missiologia contextual* e tradutor de *Diálogo profético: missão no mundo contemporâneo,* de Stephen B. Bevans e Roger P. Schroeder. Foi coordenador da Dimensão do Ecumenismo e Diálogo Inter-religioso pela Arquidiocese de Curitiba. Atualmente, é assessor do Centro Cultural Missionário, dirigido pela Conferência Nacional dos Bispos do Brasil (CNBB), e membro da equipe interdisciplinar nacional da Conferência dos Religiosos do Brasil (CRB), em Brasília. Também é membro do Comitê de Avaliação da Universidade de Mysore, em Guwahati, na Índia.

Atua como docente na Faculdade Studium Theologicum, na Faculdade Vicentina e na PUCPR, em Curitiba.

Impressão:
Janeiro/2024